ESCREVER E BRINCAR
Oficinas de textos

Coleção
Formação
Humana
na Escola

Ronald Claver

ESCREVER E BRINCAR
Oficinas de textos

3ª edição

autêntica

Copyright © 2002 Ronald Claver
Copyright © 2002 Autêntica Editora

Todos os direitos reservados pela Autêntica Editora. Nenhuma parte desta publicação poderá ser reproduzida, seja por meios mecânicos, eletrônicos, seja via cópia xerográfica, sem a autorização prévia da Editora.

EDITORA RESPONSÁVEL
Rejane Dias

CAPA/ILUSTRAÇÃO
Jairo Alvarenga Fonseca

REVISÃO
Erick Ramalho
Ana Elisa Ribeiro

DIAGRAMAÇÃO
Waldênia Alvarenga

C617e
    Claver, Ronald
      Escrever e brincar – Oficinas de textos / Ronald Claver.
– 3. ed.– Belo Horizonte : Autêntica Editora, 2013.

    128p. (Coleção Formação Humana na Escola, 6)

    ISBN 978-85-7526-004-3

    1.Ensino programado. I. Título. II. Série.

                                              CDU
                                          371.315

Ficha catalográfica elaborada por Rinaldo de Moura Faria – CRB6-1006

GRUPO **AUTÊNTICA**

Belo Horizonte
Rua Carlos Turner, 420
Silveira . 31140-520
Belo Horizonte . MG
Tel.: (55 31) 3465 4500

www.grupoautentica.com.br

São Paulo
Av. Paulista, 2.073, Conjunto Nacional, Horsa I
23º andar . Conj. 2310-2312 Cerqueira César
01311-940 São Paulo . SP
Tel.: (55 11) 3034 4468

Para Carminha Ximenes, Dina Dee Simpson, Jupyra de Oliveira V. Almeida, Letícia Firpe Penna, Maria Eneida Nogueira Guimarães, Maria Luiza Ferreira (Luli), Ruth Perácio Buschi, Solange Castro — minhas amigas nas Amigas da Cultura — o aprendizado de sempre.

Para Míriam — que suportou com estoicismo e doçura minhas madrugadas texto afora.

Sumário

Introdução
Duas ou três palavras sobre o escrever, a escrita e o brincar............... 9

Primeiro
A primeira vez... 13

Segundo
Cor, color, colores... 21

Terceiro
O jornal nosso de cada dia.. 33

Quarto
Descrevendo o país do sonho – das artes descritas........................... 41

Quinto
Receitas e dietas.. 51

Sexto
Das artes narrativas.. 59

Sétimo
O túnel... 67

Oitavo
Há um pouco de poesia em cada prosa... 71

Nono
O avesso da palavra.. 77

Décimo
Das artes dissertativas... 91

Décimo primeiro
O livro... 107

Décimo segundo
O destino assim quis.. 113

Décimo terceiro
Uma ou duas palavrinhas para terminar............................... 125

Introdução

Duas ou três palavras sobre o escrever, a escrita e o brincar

(uma entrevista imaginária)

Como é isso de escrever?

Escrever é um exercício humano como outro qualquer. Requer preparo físico, uma boa dose de sensibilidade, de estar bem ou mal com a vida, disciplina, algumas paisagens e alguns quilômetros caminhados.

Escrever é um exercício de liberdade, de coragem, de amor, de solidão.

Escreve-se é com o corpo, com a língua afiada, ferina, felina.

Escreve-se é com o coração em pânico ou em completo estado de alheamento, encantamento.

E de brincar?

Não podemos nos esquecer de que a escrita, em sua origem, estava associada ao jogo, ao desenho lúdico. Imagine nossos avozinhos pré-históricos cunhando a palavra no barro ou desenhando nas paredes das cavernas. Era pura aventura e magia. Urge ressuscitar essa alegria perdida. Escrever e brincar devem caminhar de mãos dadas, num eterno namoro. Macunaíma não fazia amor. Brincava. E quem não quer brincar escrevendo no corpo outro, na pele outra, palavras amorosas e ternas?

Escrever é um transe?

O verbo "escrever" se assemelha ao verbo "beijar". Quando acontece o beijo, acontece um transbordamento de lavas, vulcões em erupção, coração no limite do fogo. Corpo em revolução. Quando começamos a escrever também entramos em transe:

Dedo viaja no papel, imaginação busca paragens, rios revoltos, mares incandescentes, lagos serenos e azuis, montanhas ondulando o verde e o minério.

Tudo é movimento, tudo é incerteza, tudo é perigo. Tudo é passagem só de ida.

Beijar e escrever nos tiram da mesmice, da monótona paisagem humana, no ir não sabendo onde ou quando chegar.

Escrever ou beijar, o que é melhor?

Entre beijar e escrever, prefira o primeiro. Mas depois escreva como foi o beijo. Se ele resultou em sua condenação ou você levou às portas do paraíso. Os limites do amor e do escrever não existem. Afinal, amor, no dizer do mestre Rosa, o Guimarães, "é sede depois de se ter bem bebido".

Escrever tem receita?

Pegue papel, caneta, lápis, computador, máquina de escrever. Vá pra uma ilha dourada com uma mulher bonita ou feia, beba um copo de vinho ou cólera, liste uma série de acontecimentos, misture tudo isso com água ou álcool e, para sua surpresa, não vai dar em nada. Escrever não tem receita, felizmente.

Para escrever é preciso ter curso, diploma etc.?

Você não precisa tirar carteira de escritor. Não precisa de CPF, atestado de bons ou maus antecedentes.

É preciso viajar o coração. Viajar os olhos, o corpo.

É preciso ver o que os outros não veem.

É preciso estar pronto pra o espetáculo da vida.

É preciso estar com o ouvido na escuta e olho no gatilho para disparar e captar as pequenas grandes coisas da vida.

É preciso brincar, sempre.

Você anda dizendo que palavra não morre de solidão, como é isso?

Respondo com um trecho de meu livrinho *De Duendes e Fantasmas*:

Ah! Papi, hoje a professora começou a aula dizendo que "palavra não morre de solidão". Eu quis saber logo o significado de solidão. Ela respondeu de pronto, dizendo que "solidão é isolamento". E a palavra não fica isolada? Perguntei. Aí a professora me disse que a palavra nunca está só. Tem sempre outras palavras por perto. Tem outras palavras dentro do seu próprio corpo. Aí, Papi, quis saber como era aquilo tudo que ela estava dizendo, e a professora me respondeu com um exemplo. Ela disse: "Vou dar um exemplo. Repare na palavra Carolina. Esta palavra tem outras palavras em seu corpo, como COR, CORAL, LINA, AR, CARO, ANA". Aí, Papi, a professora propôs que nós brincássemos com outras palavras. Escolhi a palavra *Mariana*, porque Mariana é a prima de quem mais gosto. E de Mariana tirei ANA, AR, ARI, NAIR, MAR, RIMA, MIRA, IRA, RAMA, IR, AIA, MANA, RIANA, IMÃ, RIA. E a professora foi além. Pediu-nos que inventássemos uma história. E depois de muito escrever, rabisquei a minha história, que ficou assim:

MARIANA

Era uma vez uma menina chamada Mariana. Ela mora perto do mar. Seus pais, Ari e Nair, gostam de poesia e de tomar banho de mar. Mariana gosta de viajar. Sabe que, em Minas Gerais, existe uma cidade com o seu nome. É lá que mora Riana e sua prima. A cidade de Riana não tem mar, tem montanhas. Muitas montanhas. Mariana quer conhecer o ar que respiram as montanhas de Mariana.

(CLAVER, Ronald. De duendes e fantasmas – cantiga de adormecer pai, Belo Horizonte: Lê, 1997, p. 26-27)

▶▶ **Sua vez**

Brinque com os nomes e as palavras que se seguem, se preferir, escolha outros e outras: EDUARDO, MARINA, FANTASMA, DAGOBERTO, RIOBALDO E VEREDAS.

AGORA faça uma história deles e para eles.

Da estrutura do livro ou como brincar com o livro:

1. Antes das atividades, exibiremos textos que discutem e ampliam as gostosuras do ato de escrever.

   São textos leves, livres, provocadores.

   Textos que nos fazem refletir e questionar a escrita e o mundo.

   Textos reveladores, encantadores.

   Motivadores.

2. Recomendamos a leitura em voz alta dos textos produzidos. Esse procedimento nos leva ao aperfeiçoamento de nossa produção.

   Perceberemos a música, a fluência, a leveza de nosso texto e também suas asperezas e pecados.

3. No princípio era a Poesia... No cérebro do homem só havia imagens... Depois, vieram os pensamentos... E, por fim, a Filosofia, que é, em última análise, a triste arte de ficar do lado de fora das coisas. (*Mário Quintana*)

Primeiro

A primeira vez

▶▶ Abertura

Viaje e brinque nestas palavras

Escrever, apesar da solidão, é matéria de apaixonado. Embora desesperador, é lúdico, delicado e amoroso. Convoque o mundo que o rodeia e o mundo que está lá no outro mundo e deixe espalhar no outro o seu tanto, portanto:

Queira-me livre
Leve, levemente
Dolorido de luar.

Beba-me
Com a sede
De seus rios

Queira-me
Com os quereres
De sua ternura

Deseje-me
Com as carícias
De sua paixão

Quero anoitecer
Em seu olhos
De eternos amanheceres

Te quero perto
Do coração
Dentro do coração
Dos olhos
De corpo inteiro

(CLAVER DE LUNA. *Poemas enluarados*. Inédito)

▶▶ **Texto**

O primeiro dia

No Brasil, como se sabe, o verdadeiro dia 1º de janeiro é a Quarta-feira de Cinzas – à tarde. É o dia nacional do recomeço solene, quando milhões de pessoas em todo o país colocam a mão sobre uma agenda nova e juram dizer a verdade, fazer o bem e somente o bem, organizar suas estantes, procurar seus amigos, parar de fumar, beber menos, comer melhor, visitar a tia Cleoci e pelo menos se esforçar para entender a teoria quântica, já que a econômica é impossível. Enfim, começar uma nova vida. Da capo. Do zero. É o primeiro dia da volta ao paraíso antes da serpente original. Descontada a ressaca, somos os Adão e as Evas da segunda chance, prontos para reinaugurar o mundo. Isto se chama chão e isto parede, aquilo lá fora sol e isto na minha mão comprimido antiácido, ou será o contrário? Depende da nossa vontade e somente dela. O futuro é uma folha pautada esperando a primeira anotação do ano, que tanto pode ser "Dentista" na sexta quanto "Deus, levar questionário" no sábado. Dia de contrição e omnipotência. A virtude nos envolve como um halo e somos outros, somos decididamente outros, e certamente melhores. Uma sensação que geralmente perdura até a quinta, quando vamos ao banco ver o saldo da conta.

***

Dia, também, de passar a limpo o caderno de telefones, ver aquele número que você não sabe de quem é, e resolver descobrir.

– Alô?

– De onde fala?

– Com quem quer falar?

– Não me leve a mal, senhorita. É o seguinte. Eu estava passando a limpo meu caderninho de telefones, vi este número sem nome e...

A mulher interrompe, baixando a voz:

– É você!

– Isso eu sei. Eu queria saber quem é você.

– Não ligue mais pra cá.

– Mas, senhorita...

– Agora é senhora!

E ela desliga.

(VERÍSSIMO, *Jornal do Brasil*, 28/2/1998, Caderno Opinião)

▶▶ Esquentando ou relaxando

1. Esfregue as mãos. Cruze as mãos. Torça os dedos. Espiche os braços. Pegue caneta ou lápis e uma folha de papel. Primeiramente, faça um risco, depois rabisque e, em seguida, tente um desenho. Após o desenho, escreva uma letra e depois uma palavra começada com essa mesma letra. Escreva outras palavras, escreva um parágrafo, depois outro parágrafo e mais outro. Corte as palavras que estão sobrando e acrescente outras. Estamos começando a fantástica aventura da escrita.

2. Ainda estamos esquentando ou relaxando.

    A. De acordo com o texto do Veríssimo, liste algumas coisas que você não pretende fazer a partir de hoje.

    B. Complete as mensagens de acordo com seus próprios sonhos e vontades:

1. Presentear
2. Realizar aquele sonho
3. Receber um beijo
4. Ganhar um poema de amor
5. Assobiar aquela música que ficou após o encontro
6. Escrever um livro
7. ....
8. ....
9. ....
10. ....
11. ....

C. Leia os poemas a seguir, eles falam do impacto da "primeira vez". Depois de ler e beber a gostosura deles, conte (vale inventar e criar um personagem) uma pequena história de "uma primeira vez". Sugerimos a história do primeiro beijo, da primeira namorada, da primeira vez que você pisou numa terra estranha, da primeira aula, do primeiro alumbramento, da primeira viagem etc.

▶▶ Poemas

Revelação

Quando revelei tua fotografia teus olhos ondeavam como os mares verdes do planeta. Giravas em torno do papel à procura de alguma fresta. Eras forma. Vegetal. Barro sem verdura. Então despertei teu corpo e tua voz anunciou o manhã.
Começavas.

(CLAVER, Ronald. *As margens do corpo*,
Porto Alegre: Movimento, 1977, p. 29)

Invenção

Quando te inventei vinhas do país da memória. Amanhecias nos olhos. E te caminhei ausências esperando que tua voz concretizasse nos ouvidos um esboço de música. Não tinhas o sopro do gênesis e nenhum deus nos ameaçava quando te inventei.

(CLAVER, Ronald. *As margens do corpo*, Porto Alegre: Movimento, 1977, p. 37)

2 acalantos para Pablo

1
Não desperte teus olhos
amanheça teu coração
na vida que te espreita
te espera

2
Amanheces em nossos corpos
reinventando um novo cais
e não revelaste a ninguém
o segredo de seu vôo nem a
fresta que abriste no mapa
da américa

(CLAVER, Ronald. *As margens do corpo*, Porto Alegre: Movimento, 1977, p. 19)

3. A. Tente elaborar um calendário (esqueça o atual) e projete férias, feriados, festas, sábados e domingos etc.

   B. A semana de seu calendário teria quantos dias? Quantas horas teriam o seu dia e a sua noite?

▶▶ Prática

1. Escrever uma história na primeira pessoa ou na terceira. Se escolher a primeira pessoa, você deve assumir um dos personagens. O narrador é o próprio personagem.
2. Antes de começar engendrar o seu texto, dê nomes aos personagens, converse com eles, desenhe-os. Trace um roteiro

para os personagens. Imagine a cidade em que eles vivem, descreva a casa deles, seus pertences etc.

3. A sinopse é a seguinte:

> No primeiro dia do ano de seu calendário, Fulano de Tal é contratado por senhor Y para eliminar Sicrano. O crime deve parecer perfeito. Sem testemunhas. Sem rosto. Fulano de Tal entra, durante a madrugada, no apartamento de Sicrano. Surpresa. Ao lado do marido, que dorme profundamente, Lilian, a esposa, antiga namorada e paixão eterna.

✎ LEMBRETE I: Nunca fique satisfeito com o seu texto. Rescreva-o várias vezes. Depois guarde-o em um caderno ou arquivo. Visite-o de vez em quando e, se for preciso, rescreva-o.

✎ LEMBRETE II: No princípio, Deus criou os céus e a terra. A terra estava informe e vazia; as trevas cobriam o abismo e o Espírito de Deus pairava sobre as águas.

Deus disse: "Faça-se a luz! E a luz foi feita. Deus viu que a luz era boa, e separou a luz das trevas. Deus chamou à luz DIA e, às trevas NOITE. Sobreveio a tarde e depois a manhã: foi o primeiro dia. (...) Então Deus disse: "Façamos o homem à nossa imagem e semelhança (...) " Deus criou o homem à sua imagem, criou o homem e a mulher (...)

(Gênesis, 1, 3-4-5; 1, 26-27)

▶▶ Prática

Descreva o paraíso que você idealiza. Depois conte o que o homem e a mulher conversaram, quando acordaram no novo mundo.

✏️ LEMBRETE III

S= serpente
h= homem
e= eva

s= she
&
h= he

(XISTO, Pedro. "Epitalâmio II". *Caminho*.
Rio de Janeiro: Berlendis & Vertecchia, 1979, p. 119)

Segundo

Cor, color, colores

▶▶ Abertura

Viaje e brinque nestas palavras

COR. *s.f.* Termo usado para designar atributos da sensação visual, que não dependem da forma, tamanho ou outra característica espacial da imagem retiniana (...)

(Dicionário *Aurélio*)

Maior dor do vento
É não ser colorido
   (*Mário Quintana*)

O que é cor?

Não existem cores "reais" na natureza – o que existe são vários comprimentos de onda que compõem a luz, os quais são absorvidos e refletidos por todos os objetos à nossa volta. Os comprimentos de ondas refletidas penetram nos olhos, que enviam sinais ao cérebro – só aí, então, "vemos" o milagre da cor. A sensação do branco é criada pelo impacto simultâneo de todos esses comprimentos de onda sobre os olhos. Essa luz branca contém as cores dos arco-íris, que podem ser vistas quando os raios são separados por uma lente prismática. Cada cor possui seu próprio comprimento de onda: o violeta possui o mais curto e o vermelho o mais longo. Quando essas cores se combinam com os pigmentos da natureza – a clorofila da grama, por exemplo – milhões de tonalidades são criadas. Os pintores reproduzem isso usando as cores em pó de pigmentos naturais ou artificiais, nada além da cor da luz que eles refletem.

(COLE, Alison. *Cor*. Trad. Angela dos Santos. Washington: Manole, 1994, p. 6)

Aninha do arco-íris tinha algumas manias. Uma delas era escrever a palavra ARCO-ÍRIS em círculo. Uma outra era colecionar palavras perigosas e perfumadas: ar arte ai amor amanda amante armas amada ilhas trilhas armadilhas mar marília mara maça magnólia ana mariana

Ezequiel de Cotegipe, homem de pouca barba e palavra, via em Aninha do Arco-Íris o capim de sua fome, a água de sua sede.

Aninha, indiferente ao verde e à água, continuava colecionando palavras:

amor mel malha metralha cor coral

Ezequiel em sua mudez e escassez ruminou estranhos alfabetos, arabescos, alfa-ômegas e mordeu o fel.

Aninha continuava imersa no seu ofício: lis lírio lírico limiar ar luar lilás luz lux lua luto luxo lucro luva lixo livro luxor licor litoral luxúria.

E a palavra arco-íris ganhava no liso da página branca outros vôos e desenhos:

RISAR
IOCR

íris do ar, íris do arco íris
do arco íris do ir ri do arco
ri do ar caro ar ir do íris
cor do íris do ar do a
corisco cair cair
do ar do cor do arco coração

Ezequiel armado de belas, bélicas e belicosas palavras compreendeu que o verde e a sede daquele arco-íris residia no que há de ondulação, cor e som. O mundo de Aninha era redondo e sonoro.

Iniciado no segredo das palavras, sabia agora alguma coisa a respeito de sua organização, de seu aéreo desenho, de sua música e mágica. E aproveitando do alheamento de Aninha incorporou seu nome, Ezequiel, que agora era feitiço, fuga e fel às suas perfumadas e débeis palavras.

Aninha anotou em sua cartilha aquele nome que mais parecia céu. E o seu lápis rabiscou na planura do papel a palavra Ezequiel e tomou gole de paixão e mel por aquele Cotegipe.

Mas como dividir aquele amor que se instalava como novo sol, se as letras de Ezequiel não formavam um mosaico, formavam um labirinto?

```
E  EZ  ZE
EL  UQ  QI
QU  LE  EZ
EL  IE  L
E  Z E E L
L E U Q E L
```

A̲ninha percebeu a armadilha. Tentou desvencilhar daquela ilha que mais parecia uma rede: *el ele ela céu fel: ezequiel*

B̲uscou janelas. Inútil o descortinar dos olhos. Aquele amor não tinha contornos. Era vastidão. Uma planície só, rasa paisagem, *ezequidão*-solidão.

(CLAVER, Ronald. *Os cadernos de Aninha*, Belo Horizonte: Lê, 1987, p. 9-20)

Preto e Branco

Perdera o emprego, chegara a passar fome, sem que ninguém soubesse: por constrangimento, afastara-se da roda boêmia que antes costumava freqüentar – escritores, jornalistas, um sambista de cor que vinha a ser o seu mais velho companheiro de noitadas.

De repente, a salivação lhe apareceu na forma de um americano, que lhe oferecia emprego numa agência. Agarrou-se com unhas e dentes à oportunidade, vale dizer, ao americano, para garantir na sua nova função uma relativa estabilidade.

E um belo dia vai seguindo com o chefe pela Rua México, já distraído de seus passados tropeços, mas, tropeçando obstinadamente no inglês com que se entendiam – quando vê do outro lado da rua um preto agitar a mão para ele.

Era o sambista seu amigo.

Ocorreu-lhe desde logo que ao americano poderia parecer estranha tal amizade, e mais ainda; incompatível com a ética ianque a ser mantida nas funções que passara a exercer. Lembrou-se num átimo de que o americano em geral tem uma coisa muito séria chamada preconceito racial e seu critério de julgamento da capacidade funcional dos subordinados talvez se deixasse influir por essa odiosa deformação. Por via das dúvidas, correspondeu ao cumprimento de seu amigo da maneira mais discreta que lhe foi possível, mas viu em pânico que ele atravessava a rua e vinha em sua direção, sorriso aberto e braços prontos para um abraço.

Pensou rapidamente em se esquivar – não dava tempo; o americano também se detivera, vendo o preto aproximar-se. Era seu amigo, velho companheiro, um bom sujeito, dos melhores mesmo que já conhecera – acaso jamais chegara sequer a se lembrar de que se tratava de um preto? Agora, com o gringo ali a seu lado, todo branco e sardento, é que percebia pela primeira vez: não podia ser mais preto. Sendo assim, tivesse paciência: mais tarde lhe explicaria tudo, haveria de compreender. Passar fome era muito bonito nos romances de Knut Hamsun, lidos depois do jantar, e sem credores à porta. Não teve mais dúvidas: virou a cara quando o outro se aproximou e fingiu que não o via, que não era com ele.

E não era mesmo com ele.

Porque antes de cumprimentá-lo; talvez ainda sem tê-lo visto, o sambista abriu os braços para acolher o americano – Também seu amigo.

(SABINO, Fernando. "Mulher do Vizinho". In: *Obra Reunida*. Rio de Janeiro: Nova Aguillar, 1996, p. 924)

▶▶ Relaxamento ou esquentamento

1. Brincar com as expressões abaixo: (Significa que você pode misturar todas as expressões num único texto, logicamente utilizando outras palavras.

    Pode escrever um parágrafo ou dois utilizando uma das expressões como título de seu texto. Pode contar uma história de alguém que "era branco como cera" e tinha um "sorriso amarelo" etc.

    - Preto no branco

- Tudo azul
- Branco como cera
- Joga verde para colher maduro
- Sorriso amarelo
- Vermelho de raiva

2. Ainda do texto **Preto e Branco**

O texto de Sabino fala de diferenças, de preconceito. Tendo o texto como suporte, propomos as seguintes situações:

SOU UM PÁSSARO QUE NÃO APRENDEU A VOAR.
☞**Situações**
– Entro para uma escola ou compro um avião.
– Invento a Associação de Pássaros sem Asas.
– Corto minhas asas e mudo de natureza, viro um cachorro mágico.

SOU UM PÁSSARO COLORIDO,
MAS MEU BANDO É TODO BRANCO.
☞**Situações**
– Apanho todos os dias por causa de minha cor.
– Vou ao salão de beleza e tinjo de branco minhas penas.
– Invento uma história de que o líder deve ser diferente e viro líder do bando.

MOÇA ACORDA COM UMA VACA AO SEU LADO
☞**Situações**
– A casa ficava abaixo do nível da rua e a vaca descuidada caiu, rompendo o telhado, indo parar na cama da moça.
– A vaca foi jogada por um avião.
– "Vaca" era o apelido do marido.
– A vaca era um E.T.

ATENÇÃO

- Escolha o foco narrativo preferido (escreva seu texto na primeira ou na terceira pessoa).
- Primeiramente, escreva de uma vez, tudo que vier à mente, sem nenhuma censura, deixe jorrar.
- Em seguida, selecione palavras e frases convenientes.
- Faça uma nova redação e você terá em mãos um produto, ainda bruto, mas aproveitável.
- Leia-o em voz alta, descubra seus encantos e também seus pecados.
- Finalmente, passe-o a limpo e guarde-o na gaveta durante uma semana. Releia-o depois e, se sentir necessidade, reescreva-o.

Cores, color, coloris

SEGUNDA PARTE

▶▶ Relaxamento ou esquentação

Brincando com cores e lápis

1. Desenhe uma paisagem, pode ser primitiva, o importante é que você deixe o lápis de cor passear sobre a planura do papel em branco.

   Coloque em sua paisagem brinquedos, rios, montanhas, homens e bichos. Não pode faltar aquela casinha branca com coqueiros em volta.

2. Escreva, se possível com lápis de cor, as situações abaixo:

   A. O homem vestia cinza. Os olhos dele eram cinza. O cabelo cinza. A manhã estava neblinosa. Atravessa uma rua ignorando o sinal luminoso. É atropelado por um daltônico. Conte rapidamente essa história um tanto cinza, por isso utilize lápis colorido.

B. Você vive em uma paisagem sem cor. De repente, recebe de algum mago tintas de diversas tonalidades. Que cor (ou cores) teria sua paisagem? Você pode iniciar o seu texto assim: Pinto de azul o teto de meu chapéu......, de verde os olhos da mulher, de violeta a montanha em frente,............etc.

C. As cores, em reunião, decidem eleger um líder. Qual cor lideraria essa reunião?

D. Em vez de questionar a existência da cor, como fez a personagem da história a seguir, pinte alguém ou alguma coisa.

Cor, cores

Lá estava a praça.

Lá estava a rosa.

Lá estava o sol.

Lá estava Lara de mãos dadas com Laura, a mãe.

A rosa é vermelha e está nascendo. O nascimento de uma rosa é um mistério. A vida é um mistério. Os olhos de Lara contemplam o mistério da vida com curiosidade e espanto.

– O mundo é uma cor, constatou a menina depois de ver o vermelho da rosa e uma borboleta que balançava no vento.

– O interessante disto tudo é que a cor não existe, comentou Laura

– Como? Se estou vendo a borboleta amarela e a rosa vermelha?

– São ondas.

– Ondas? Então a sua saia é uma onda verde e seus olhos são uma onda azul?

– Olhe, Lara, para o infinito. Olhe para a grama, para os prédios, para os carros.

– Tudo é cor, repetiu a menina.

– Sei, sei. Mas não existem cores reais na natureza. Meu professor na Escola de Belas Artes dizia que o que existe são vários comprimentos de onda que compõe a luz, os quais são absorvidos e refletidos por todos os objetos à nossa volta.

– Não acredito em nada disso. Pra mim cor é cor e acabou.

– Pode ser, mas as coisas não são como queremos.

– Por que as pessoas complicam as coisas? perguntou a menina.

– Há sempre uma saída para as coisas que parecem complicadas. Existe o milagre. A cor é um milagre, já dizia o Bandeira.

– Bandeira?

– Manoel, o poeta. Para ele tudo é milagre. Menos a morte que é o fim dos milagres.

– A senhora hoje está gastando palavras.

– Uma palavra puxa a outra.

– Como uma cor puxa a outra, certo?

– Você sabia que o arco-íris é a reunião de todas cores.

– E quem não sabe? Sei também que quem passar debaixo dele muda de sexo.

– Mas descobre um tesouro.

– E com o tesouro na mão, vai ser feliz para sempre.

– Era uma vez uma menina de nome Lara que queria descobrir o mistério das cores.

– Queria não, quero.

– Pois bem, os comprimentos de ondas refletidas penetram nos olhos, que enviam sinais ao cérebro e só aí vemos o milagre da cor.

– Então tudo é milagre, concordou a menina.

A mãe quase repetiu o verso de Manoel Bandeira, mas preferiu deixar a filha matutando sobre o mistério das coisas. Se a vida se resumisse nos mistérios das cores, tudo seria fácil. Laura olhou para Lara e pressentiu o futuro. Quantos mistérios a menina iria decifrar e quantos ela iria se envolver. E ela, a mãe, provavelmente estaria ausente. A vida era dela e ela faria da vida um milagre certamente. A menina tirou-a da contemplação com uma conclusão:

– Seja onda ou milagre. Para mim o verde é verde, o azul é azul e você é o meu arco-íris.

(Claver de Luna. *A clara cor de Clarice.*)

▶▶ Prática

Para trabalhar em grupo

Atenção professor ou oficineiro. Cada grupo será composto de seis alunos. Cada aluno receberá o nome de uma cor e um símbolo, conforme legenda abaixo. Por exemplo, aluno X receberá a cor verde e a legenda #, que indica dias da semana, ele irá eleger que dia da semana ele acha que é verde, pode ser terça ou quinta. De posse de todas as informações, os seis alunos construirão um texto coletivo, com o auxílio de outras palavras e outras informações.

Observe a legenda:

*	– para nomes próprios
+	– para coisas positivas (no sentido metafórico, ex. " o azul me dá sensação de paz, de maciez etc.)
-	– para coisas negativas (ex. "o marrom me dá sensação de asfixia, sufoco, água represada etc.)
&	– para nomes de cidade (ex. Rio de Janeiro é branco)
@	– para nomes de pássaro (ex. o pássaro de Jacques Prévert é amarelo)
#	– para os dias de semana (ex. Quarta é cinza)

VERDE VERMELHO AZUL AMARELO ROSA
+ + + + +

VERDE VERMELHO AZUL AMARELO ROSA
- - - - -

VERDE VERMELHO AZUL AMARELO ROSA
* * * * *

VERDE VERMELHO AZUL AMARELO ROSA
& & & & &

VERDE VERMELHO AZUL AMARELO ROSA
@ @ @ @ @

VERDE VERMELHO AZUL AMARELO ROSA
# # # # #

De posse dessas informações, vamos ao texto colorido.

✎LEMBRETE: No tom certo – Segundo os princípios da cromoterapia, cada cor emite uma freqüência vibratória que pode aliviar tensões ou ativar a energia física e mental, entre outras propriedades:

VERMELHO – vitalizante, equilibra o fluxo sangüíneo.
  Excesso: agressividade.

LARANJA – antidepressivo, estimula o sistema respiratório e tem ação antiespasmódica.

AMARELO – favorece a criatividade, alivia a sensação de esgotamento mental, purifica o sangue.

ROSA – reconfortante, equilibra distúrbios cardíacos.
  Excesso: comportamento infantilizado.

AZUL – tranqüilizante, ativa a capacidade intelectual.
  Excesso: sonolência.

VERDE – antisséptico, atua sobre problemas relacionados ao baço, ao pâncreas e ao fígado.

VIOLETA – desintoxicante, abaixa a pressão arterial, equilibra a impulsividade, melhora o sistema imunológico, acalma a mente.

(Isto É, n. 1563, Makron Books,
"Vencendo o Stress", p. 108, 15 de setembro)

Terceiro

O jornal nosso de cada dia

▶▶ Abertura

Viaje e brinque nestas palavras

Editorial:

As notícias são sinais
impressas no homem
em punho e punhais

A dor não se mede
mede-se o homem:
seu preço, seu avesso
seu oco, seu pouco

As notícias são palavras
talhadas no homem
a fome não se mede
mede-se o homem:
seus juros, seus futuros
seu pasmo e seu orgasmo

O jornal é comunicação
comunica-se que fulano de tal
nascido em Natal
dono de um bom capital
morreu de doença renal

Há o futebol
essa paixão
que rasga
o coração
se o povo vai mal
o Brasil era o tal

Há também os crimes passionais
o ciúme, o queixume

As notícias são sinais
articuladas, diagramadas
que vendem o homem:
seu haver, seu dever
seu espaço e cansaço

O jornal não é todo mau
é festa que se bebe
se engasga, se embala

Na coluna social
ou mesmo quando se embrulha
qualquer bagulho
com um editorial

A censura usa-se a lisura
e ninguém quer se comprometer
até a medula
faz-se um jornal que não vai bem
e também não vai mal

estampado em sangue
pingando marginal
na última página
do jornal

O jornal também se serve
da política que às vezes
só comenta, fomenta
engorda a dor
nacional

E o jornal que tanto rima
discórdia com misericórdia
pão, canção, flor e amor
só não rima, nem presente com
a fome incorrespondente

(Apontamentos absurdos y mudos
de Claver de Luna o poetinha da rua)

> ***se este país não for pra frente,***
> ***pra trás não tem mais jeito***

O jornal é escrita viva, legítima, "verdadeira", que tem circulação social efetiva e cumpre funções socialmente definidas. Isso significa que no jornal encontramos o português escrito padrão atual, tal como ele é concebido pela comunidade de usuários. E mais: no jornal encontramos uma grande variedade de textos que cumprem diferentes funções comunicativas e se destinam a diferentes leitores, tendo, por isso, diferentes configurações. Isso significa que no jornal encontramos muitos dos modelos, dos tipos de texto que integram nossa competência textual.

De tudo isso decorre que observar, analisar, compreender e reproduzir as estratégias de configuração dos vários tipos de texto presentes num jornal pode se constituir num exercício produtivo de aprendizado da língua, nas suas dimensões programática e gramatical.

(Ceale/Fae-UFMG)

Vivem apregoando o fim do livro e do jornal. Pergunto, será que o computador forrará o chão da sala quando esta estiver sendo pintada? Será que o computador embrulhará nossos pés do frio? Será que dá pra ler um computador na cama ou no banheiro?

(Claver de Luna. *Apontamentos absurdos y mudos*)

Jornal da manhã
A manhã se abre em manchetes
O jornal registra a dor,
Flor asfáltica que cresce sem
Parar, que por descuido,
o linotipista deixou passar.

(Idem)

▶▶ Esquentamento ou relaxamento

Desenvolva as seguintes manchetes:

DEPUTADO É CASSADO POR LIGAÇÃO COM NARCOTRÁFICO.

PROSTITUIÇÃO INFANTIL TEM AUMENTO DE 100% EM BH.

SUPERMERCADOS COMPUTAM QUEDA DE 7% NAS VENDAS.

Crie uma manchete para os seguintes assuntos:

1. O número de mortos do terremoto que atingiu Taiwan anteontem chegou a 1.712, segundo balanço oficial.
2. A Febem recusou ontem a "devolução" de um dos 500 menores que fugiram da instituição em São Paulo. Maria Luzia, mãe de R., 15, enfrentou mais de cinco horas de burocracia ao tentar entregá-lo.
3. Artistas utilizam recursos do computador para criar, na Internet, poemas que mudam de forma, conteúdo e dimensão.

Para que o nosso trabalho esteja afinado com as boas regras da linguagem jornalística, recordemos alguma coisa a respeito da DENOTAÇÃO e da CONOTAÇÃO.

LEMBRETE 1
DENOTAÇÃO E CONOTAÇÃO

A linguagem, por ser uma atividade intelectual, é exclusiva do homem; ao pronunciar uma palavra, o homem está expressando um determinado estado mental. Entretanto, para que a linguagem cumpra sua função social no processo de comunicação, é necessário que as palavras tenham um significado, ou seja, que cada palavra apresente um conceito.

E mais: o homem tem imaginação criadora e a usa freqüentemente. Dessa forma, na linguagem humana, uma mesma palavra pode ter seu significado ampliado, remetendo-nos a novos conceitos por meio de associações, dependendo de sua colocação numa determinada frase. Exemplo:

João quebrou a CARA

Em seu sentido literal, frio, impessoal, entendemos que João, por um acidente qualquer, fraturou o rosto. Entretanto, podemos entender a mesma frase num sentido figurativo, como: "João se saiu mal", tentou realizar alguma coisa e não conseguiu.

Pelo exemplo dado, você percebeu que uma mesma palavra pode apresentar variações em seu significado, ocorrendo, basicamente, duas possibilidades:

A. Na primeira, a palavra apresenta seu sentido original, impessoal, independente do contexto, tal como aparece no dicionário: nesse caso, prevalece o sentido DENOTATIVO – ou denotação – do signo lingüístico;

B. Na segunda, a palavra aprece com significado alterado, passível de interpretações diferentes, dependendo do contexto em que for empregada; nesse caso, prevalece o sentido CONOTATIVO – ou conotação – do signo lingüístico.

(NICOLA, José de; INFANTE, Ulisses. *Gramática Contemporânea da Língua Portuguesa*, São Paulo: Scipione, 1995, p. 427)

LEMBRETE 2

"Uma coisa é escrever como poeta, outra como historiador, o poeta pode contar ou cantar coisas que não foram, mas como deveriam ter sido, enquanto o historiador deve relatá-las não como deveriam ter sido, mas como foram, sem acrescentar ou subtrair da verdade o que quer que seja."

(CERVANTES, Miguel S. *Dom Quixote de La Mancha*, São Paulo: Abril Cultural, 1991)

▶▶ Prática

1. Observe que os textos que vêm logo após as manchetes desta página do *Jornal do Brasil* a seguir foram apagados convenientemente. Esperamos que você recrie os textos suprimidos. A linguagem deve ser clara, transparente, objetiva, denotativa.

2. Aproveite o título de alguma manchete e faça dele uma crônica. A linguagem deve ser plural, plena de significados, conotativa.

3. Após confeccionarmos as manchetes e as possíveis crônicas, vamos pegar uma carona na *Oficina de Jornal*, de Rosângela Guerra, e, junto com ela, criar um jornal.

Oficina de jornal

Rosangela Guerra
jornalista - reg. prof.13.271/SP

Só se faz jornalismo com pergunta.

Não é tudo. Mas ajuda

ser curioso
ser observador
ser crítico
ser criativo

Tudo pelo leitor

Na hora de fazer a pauta da edição, lembre-se do leitor.
Será que ele vai gostar?

Repórter que é repórter se vira

Corra atrás da informação

Repórter que é repórter ouve gregos e troianos

Pontos de vista diferentes enriquecem as matérias

Dados na mão

Muita informação.

E informação precisa.

Ética

É sempre bom lembrar

A folha em branco

Comece a seduzir o leitor nas primeiras linhas.

Palavras

Tudo tem que caber em pouco espaço.

Quanto mais simples, melhor.

Investir no casamento

Texto & Imagem

Mãos à obra

Que tal fazer um jornal?

Já!

Tema da edição: Educação e Jornalismo

Depois deste jornal

faça outro
e mais outro e
mais outro e mais
outro e mais outro
e mais outro e
mais outro e mais
outro e mais outro
e mais outro e
mais outro e mais
outro e mais outro
e mais outro e
mais outro e mais
outro e mais outro
e mais outro e
mais outro e mais
outro e mais outro

Quarto

Descrevendo o país do sonho – das artes descritas

▶▶ Abertura

Viaje e brinque nestas palavras

Alice estava começando a se aborrecer de ficar sentada ao lado de sua irmã numa elevação do jardim, sem nada para fazer. (...) quando de repente um coelho branco de olhos cor-de-rosa passou correndo junto dela.

Nada havia de muito estranho naquilo. Nem Alice achou assim tão esquisito quando ouviu o Coelho dizer para si mesmo:

– Oh, meu Deus! Eu vou chegar muito atrasado

Mas, quando ele tirou um relógio do bolso do colete, olhou-o e se apressou, Alice se levantou, dando-se conta de que nunca antes havia visto um coelho nem com colete e nem com um relógio no bolso. Ardendo de curiosidade, seguiu-o correndo, a tempo de vê-lo penetrar numa larga toca sob a cerca.

(CARROL, Lewis. *Alice no país das maravilhas*, 3ª ed., Adapt. em português Nicolau Sevcenko, São Paulo: Scipione, 1988, p. 9)

Freud

Édipo nunca teve complexo de Édipo
Édipo nunca soube o que era complexo de Édipo
(Não havia espelho naquela época)
Édipo era um cara apressado: teve mãe
E esposa tudo de uma só vez

  (Claver de luna, o poetinha da rua)

Alguma coisa a respeito das artes descritivas

DESCREVER é fotografar.
É distinguir um ser do outro.
É perceber as características marcantes do ser que estamos descrevendo.
É retratar por meio das palavras.

Quando descrevo alguém, tento salientar objetivamente suas características físicas.
Destaco a boca desejada da mulher bonita,
Os olhos gulosos do homem faminto.
Posso penetrar nos subterrâneos das pessoas e mostrar coração aflito da mãe que espera o filho madrugada adentro.
A emoção do primeiro poema impresso.
A alegria do grito do gol aprisionado na garganta áspera.

E quando caminho ou flutuo, vejo
Montanhas de muito ondular ondulando os olhos e estes descrevendo rios que serpenteam a paisagem
O olho vê e retrata a casa amarela que fica entre duas azuis.
A rua que acompanha cegamente a natureza e sobe ladeiras
Os becos e ermos de uma favela que despenca do morro.

E quando tenho em mãos ou diante dos olhos um objeto, destaco seus elementos essenciais:
A asa de uma xícara, a espessura de um caderno, o visor de um celular e as mil funções de um computador.
Meu olho é apenas o clique da máquina fotográfica,
o grafite de um lápis, sonda que vasculha os mapas interiores.

▶▶ Prática

Descrever pela ordem:

Um coelho ou um relógio
Uma menina ou uma rainha
Uma carta de baralho ou um gato
Um chapéu ou um soldado de chumbo
Um país ou um sonho.

2. Sabemos que descrever é uma atividade na qual utilizamos os sentidos (visão, audição, gosto, tato e olfato) para captar a realidade e traduzi-la num tecido verbal. Ou seja, a realidade que nos cerca pode ser apreendida pelos sentidos e depois interpretada através de imagens linguísticas. [...] No entanto, não é comum a criação de textos descritivos puros. Eles sempre aparecem incorporados às narrativas ou auxiliando a argumentação, segundo Marina Ferreira e Tânia Pellegrini, no livro *Redação-Palavra e Arte*, da editora Atual.

▶▶ Construindo

1. Descreva (de modo pessoal, psicológico, vivencial e poético) alguns objetos que fazem parte de seu dia a dia, como A CHAVE DA PORTA, O CONTROLE REMOTO, O CELULAR, A CANETA, A JANELA, O PUNHAL, A VOZ, A MADRUGADA.
2. Faça uma autodescrição fictícia. Descreva o seu porte físico, sua maneira de andar e de vestir. Seu temperamento, suas manias, qualidades, sonhos e desejos.
3. Descreva uma pessoa pública: um político, um artista de cinema, um personagem de novela.
4. Da descrição para o desenho. Tente desenhar o rosto de Samuel Spade, a partir da descrição que Dashiell Hammett faz dele no livro *O Falcão Maltês*, Abril Cultural, p. 5.

"O maxilar de Samuel Spade era longo e ossudo, seu queixo um V proeminente sob o V mais flexível da boca. As narinas curvam-se para trás, fazendo um outro V menor. Os olhos amarelo-pardos eram horizontais. O motivo V era retomado de novo por espessas sobrancelhas saindo de duas rugas gêmeas sobre o nariz adunco e erguendo-se na parte externa, e o cabelo castanho claro descia das têmporas altas e achatadas, em ponta sobre a testa. Dava a impressão um tanto divertida de um louro satanás."

3. Enquanto aguardamos *O país do sonho e de maravilhas*, fiquemos com estes poemas de Manoel de Barros que descrevem a natureza invisível e poética das coisas:

Fotografias do Silêncio

O fotógrafo
Difícil fotografar o silêncio.
Entretanto tentei. Eu conto:
Madrugada a minha aldeia estava morta.
Não se ouvia um barulho, ninguém passava entre as casas.
Eu estava saindo de uma festa.
Eram quase quatro da manhã.
Ia o Silêncio pela rua carregando um bêbado.
Preparei minha máquina.
O silêncio era um carregador?
Estava carregando o bêbado.
Fotografei esse carregador.
Tive outras visões naquela madrugada.
Preparei minha máquina de novo.
Tinha um perfume de jasmim no beiral de um sobrado.
Fotografei o perfume.
Vi uma lesma pregada na existência mais do que na pedra.
Fotografei a existência dela.
Vi ainda um azul-perdão no olho de um mendigo.
Fotografei o perdão.

Olhei uma paisagem velha a desabar sobre uma casa.
Fotografei o sobre;
Foi difícil fotografar o sobre.
Por fim eu enxerguei a Nuvem de calça.
Representou para mim que ela andava na aldeia de braços com Maiakovski – seu criador.
Fotografei a Nuvem de calça e o poeta.
Ninguém outro poeta no mundo faria uma roupa mais, justa para cobrir a sua noiva.
A foto saiu legal.

O Aferidor

Tenho um Aferidor de Encantamentos.
A uma açucena encostada no rosto de uma criança
O meu Aferidor deu nota dez.
Ao nomezinho de Deus no bico de uma sabiá
O Aferidor deu nota dez.
A uma fuga de Bach que vi nos olhos de uma criatura
O Aferidor deu nota vinte.
Mas a um homem sozinho no fim de uma estrada
sentado nas pedras de suas próprias ruínas
O meu Aferidor deu DESENCANTO.
(*O mundo é sortido, Senhor, como dizia meu pai.*)

Gorjeios

Gorjeio é mais bonito do que canto porque nele se inclui a sedução.
É quando a pássara está enamorada que ela gorjeia.
Ela se enfeita e bota novos meneios na voz.
Seria como perfumar-se a moça para ver o namorado.
É por isso que as árvores ficam loucas se estão gorjeadas.
É por isso que as árvores deliram.
Sob o efeito da sedução da pássara as árvores deliram.

E se orgulham de terem sido escolhidas para o concerto.
As flores dessas árvores depois nascerão mais perfumadas.

Línguas

Contenho vocação pra não saber línguas cultas.
Sou capaz de entender as abelhas do que alemão.
Eu domino os instintos primitivos.

A única língua que estudei com força foi a portuguesa.
Estudei-a com força para poder errá-la ao dente.

A língua dos índios Guatós é múrmura: é como se ao
dentro de suas palavras corresse um rio entre pedras.
A língua dos Guaranis é gárrula: para eles é muito
mais importante o rumor das palavras do que o
sentido que elas tenham.
Usam trinados até na dor.

Na língua dos Guanás há sempre uma sombra do
charco em que vivem.
Mas é língua matinal.
Há nos seus termos réstias de um sol infantil.

Entendo ainda o idioma inconversável das pedras.
É aquele idioma que melhor abrange o silêncio das palavras.
Sei também a linguagem dos pássaros – é só cantar.

O punhal

Eu vi uma cigarra atravessada pelo sol – como se um
punhal atravessasse o corpo.
Um menino foi, chegou perto da cigarra, e disse que
ela nem gemia.
Verifiquei com os meus olhos que o punhal estava
atolado no corpo da cigarra
E que ela nem gemia!
Fotografei essa metáfora.
Ao fundo da foto aparece o punhal em brasa.

(BARROS, Manoel de. *Jornal do Brasil*, 08/4/00)

O País do sonho e de maravilha

ALICE no país das maravilhas é a história de um sonho. E quando a gente sonha tudo vira flor, vira medo, vira calor, pesadelo. Tudo vira azul, tudo vira povo, vira ilha, vira maravilha. E Alice vê um coelho branco apressado, usando relógio e falando sem parar. O coelho em sua pressa pulou dentro de um poço e nossa Alice também. Ela não sabia que estava entrando no País das Maravilhas. E neste país Alice encontrou tanta gente esquisita. Uma rainha louca com seus soldados que eram cartas de baralho. A rainha tinha a mania de cortar as cabeças dos outros. E Alice se viu apertada porque foi acusada de roubar uma torta de maçã. Mas como era sonho, Alice não foi executada. Nesse país Alice conheceu, além da rainha e do coelho branco, o gato inglês, a lagarta, o chapeleiro, a lebre aloprada, o marmota. Nesse país tudo era sonho, mistério. Alice encontrou uma garrafa com um rótulo curioso: BEBA-ME. E ela bebeu e ficou pequenininha, mas comeu um pedaço de bolo que estava debaixo da mesa e cresceu, cresceu tanto que virou uma giganta. E Alice começou a chorar e suas lágrimas gigantes foram inundando a sala. De novo, o coelho branco aparece e misteriosamente Alice torna-se pequenina novamente e quase morre afogada em suas próprias lágrimas, mas Alice sabia nadar e se salvou. E Alice cresceu novamente e depois despertou. O País das Maravilhas era um sonho maluco, mas muito legal.

☞ CRIATIVIDADE II

De posse dessa sinopse do livro *Alice no país das maravilhas*, de Lewis Carrol (Charles Dodgson), crie uma história paralela utilizando os mesmos enredo e personagem. Por exemplo: Um diálogo do Sr. Coelho com uma moça de nome Alice ou uma breve biografia do Chapeleiro ou o casamento da Lebre Aloprada com o Marmota.

ATENÇÃO!
Vale delirar.

☞ CRIATIVIDADE III

Continue este diálogo:

Uma história é sempre uma história:

Alice atende o telefone:

– Alô, aqui quem fala é o Coelho.
– Coelho?
– Vim de longe, cheguei agora nesta cidade maluca. Aqui não tem fosso, não tem rainha, nem um gato inglês. Tudo gato vira-lata.
– Quem é você? E o que quer?
– Sou o Coelho, o Coelho Apressado. Não está lembrada?
– Não, nunca conheci ninguém com o sobrenome de Coelho. Minha família é de origem inglesa e meu avô se chamava Charles.
– Isto mesmo. Conheci seu avô, por isso estou aqui neste país nada maluco. Lá é que era legal. Não havia carros, edifícios. Lá tudo era possível e impossível.
– Senhor Coelho, não sei quem é o senhor e nem de onde vem.
– Faça um esforço.
– Não é possível, nunca vi um coelho em minha vida.
– Mas nunca sonhou com coelhos?
– Sonhos são sonhos. São fumaças.
– Vou te ajudar. Você não se lembra de um coelho que usava relógio e vivia correndo pra lá e pra cá
– Coelho de relógio? Você deve ser maluco;
– Você que era maluca, você vivia crescendo e ficando miúda, aí eu aparecia e as coisas mudavam.
– Você me desculpe, mas não sei quem é você e de onde você me conhece.
– E o jogo de xadrez?
– Nunca joguei xadrez em minha vida. Não sei jogar quase nada.

☞ CRIATIVIDADE IV

▶▶ Lição de casa

NOME: Alice

AÇÃO:

– Recebe um telefonema às 22 horas.

– Sai de casa às 22h20.

– Encontro com o Chapeleiro Raul às 23 horas no Museu da Pampulha.

– Não volta para casa.

> OBSERVAÇÃO
> Narrativa em primeira pessoa.

✎ LEMBRETE

"Toda vez que ouço falar em descrição, não posso deixar de me lembrar de um fato acontecido, quando eu estava ainda ensaiando minhas primeiras composições.

Era uma técnica da época a professora colocar um quadro na frente da sala e mandar que todos os alunos o descrevessem. Nesse dia, o quadro colocado era de um menino, um cavalo, uma casa, uma árvore, uma rua etc.

Então, descrevi assim o quadro:

Neste belo quadro eu vejo uma bela paisagem. É uma bela rua que tem uma bela árvore. Ao seu lado, um belo menino, montado em seu belo cavalo. E fui por aí afora."

(PENNA, Letícia Firpe)

Quinto

Receitas e dietas

▶▶ Abertura

Viaje e brinque nestas palavras

Comecei uma dieta
Cortei a bebida
E as comidas pesadas
E, em catorze dias,
Perdi duas semanas.

(LEWIS, Joe E. *Livro da Tribo*. Regina Garbellini e
Décio de Melo (orgs.), São Paulo: Tribo, 1998)

Receita de acordar palavras

Palavras são como estrelas
Facas ou flores
Elas têm raízes pétalas espinhos
São lisas ásperas leves ou densas
Para acordá-las basta um sopro
Em sua alma
E como pássaros
Vão encontrar seu caminho.

(MURRAY, Roseana. *Receitas de Olhar*. São Paulo: FTD, 1997, p. 17)

Delícia enfeitiçada

Ingredientes:

175 gramas de damascos secos – Sol
125 gramas de passas – Júpiter
125 gramas de figos secos – Júpiter
50 gramas de pêssegos secos – Vênus
1 1/2 xícara de suco de pêssego – Vênus
175 gramas de farinha – Sol
75 gramas de manteiga – Sol
50 gramas de açúcar mascavo – Lua
50 gramas de nozes picadas – Júpiter

Modo de fazer o feitiço:

Realize este feitiço numa hora de Vênus, de preferência num dia de Lua. Este feitiço é dedicado aos que querem se casar. Ele terá que ser comido numa hora da Lua.

Queime incenso de dentes de cravo e canela. Molhe sua nuca com água de rosas e deixe a água escorrer por suas costas.

Coloque uma pedra de cristal em água de torneira, e deixe escorrer um filete sobre a pedra. Mantenha-a na água por uns dez minutos. Relaxe.

Quando estiver bem relaxada e já tiverem passado os dez minutos, retire o cristal e coloque-o sobre um pano de seda branco perfumado com gotas de óleo de rosas. Olhe profundamente para dentro do cristal. Procure identificar formas dentro dele. Você verá que uma grande porta de cristal se abrirá. Entre sem medo. Do outro lado da porta estará uma linda borboleta cor-de-rosa. Ela pousará em seu ombro e você penetrará numa caverna. O interior desta caverna é todo de cristal que reflete as cores do arco-íris. A visão é tão encantadora que você deverá concentrá-la dentro de você o mais que puder. Retenha esta sensação em seu peito. Colha todas as cores e coloque-as dentro de você.

Quando já tiver retido todo este cenário, você se verá num outro aposento da caverna. Dessa vez o interior é todo de esmeraldas, e pequeninas gotas d'água escorrem de suas paredes para se transformarem em delicadas pérolas que enfeitam o chão.

A borboleta pousará numa pérola rosada. Pegue-a delicadamente e guarde-a dentro de uma noz. Agradeça o presente recebido. Comece o feitiço.

Coloque as frutas dentro de um recipiente de cristal junto com o suco de pêssego. Deixe as frutas descansar por alguns minutos. Coloque-as, então, junto com o suco, numa panela de cerâmica e cozinhe em fogo bem baixo por uns 15 minutos. Após fazer isso, derrame numa assadeira de barro untada e asse uns 10 minutos no forno. Retire do fogo e misture a manteiga e a farinha. Quando esta mistura estiver feita, acrescente o açúcar e as nozes por cima de tudo. Volte a colocar no forno e asse por uns 30 minutos. Estenda na mesa uma toalha lilás bem clarinha. Acenda velas rosas e ponha ramos de violeta ladeando os pratos. Espalhe rosas e margaridas na mesa. Você deverá colocar alguns cristais e, se puder, uma esmeralda em torno do prato. Salpique gotas de óleo de almíscar pela toalha. Sirva suco de pêssego com uma pequena folha de hortelã.

Consagre este feitiço a Ísis.

(FRAZÃO, Márcia. *A cozinha da bruxa*.
4. ed., Rio de Janeiro: Bertrand, 1994, p. 91-92)

**Receita para tentar penetrar um pouco,
pouquíssimo, nos mistérios de Clara, Clarice:**

O apartamento cabia nos olhos. Os livros não.

Sala e copa conjugadas. Um corredor. Três portas à direita: cozinha, banheiro e quarto de casal. Duas portas à esquerda. Sala de TV e quarto das meninas.

Livros, livros, livros e corujas em miniaturas.

Luísa, além da dedicação que deveria ter pelo marido, tinha uma paixão nada secreta: Clarice Lispector. Retratos da escritora cobriam as paredes. Porta-retratos cobriam as mesas. Alguns títulos de livros da escritora enfeitavam as costas das portas. Às vezes, via em sonhos corujas lendo as páginas dos livros de Clarice, outras vezes, via corujas levando para a sua mãe na cama livros que ficavam na estante. Clarice e as corujas reinavam naquela casa.

Nathália, a menina, cresceu vendo Clarice, ouvindo Clarice, vendo-a espalhada por toda a casa. Primeiramente pensou tratar-se de uma tia distante ou de uma avó precoce. À medida que foi crescendo aos olhos do mundo e dos pais foi aprendendo a lidar com as manias da mãe. O rosto de Clarice era-lhe familiar como eram os rostos das irmãs e tias próximas. Ao aprender o bê-a-bá das letras e a tabuada da vida, descobriu com tristeza que Clarice não era parente nem nada. Era uma escritora e que nunca visitara a sua casa, nem a sua mãe. Mas os títulos de seus livros eram intrigantes, inquietantes e fugiam de sua compreensão.

– Mãe, o que é maçã no escuro?

– É um título de um livro de Clarice.

– E o que significa?

– Bem, maçã é o fruto que comeram Adão e Eva no paraíso. Simboliza o amor e o pecado.

– Maçã no escuro deve ser um super pecado e um super amor.

– Não é bem assim. Comer maçã no escuro não quer dizer que você está comendo uma maçã pecaminosa. Você está apenas comendo uma simples maçã onde não há luz.

– Papai falou que no escuro é melhor.

– Seu pai sempre dando palpite errado.

– É. Ele falou que no tempo dele, o namoro começava no escurinho do cinema.

– Seu pai e as histórias dele.

Nathália surpreendeu a mãe com outro título e pergunta:

– E perto do coração selvagem? Existe coração manso? Coração é igual bicho? Morde?

– Não, coração selvagem não quer dizer nada disso. Não é o coração de quem mora na selva.

– Agora, leão tem coração selvagem, não tem?

– Deve ter. Mas há leões mansos. Os de circo são menos bravos.

– E como será morar perto de um coração selvagem?

– Deve ser diferente. Os corações tendem à mansidão. O selvagem do coração quer dizer, inquieto, indomável, rebelde, impulsivo, subversivo.

– Mãe!

– O quê?

– Não sabia que a senhora era versada em corações.

– É a vida e a Clarice.

– Deixa eu ver, se entendi. Coração selvagem parece selvagem, mas não é.

– É e não é.

– Complicado este negócio de coração.

– Você não imagina, a mãe disse esta frase pensando na fragilidade de seu coração. A mãe não queria alongar aquela conversa. Seu coração ultimamente soçobrava num mar revolto.

A menina para espanto da mãe, não parou por aí.

– E felicidade clandestina? É a felicidade de alguém que se esconde num porão de navio?

A mãe riu da comparação da filha. Uma coruja veio em socorro à Nathália piscando-lhe um olho. A menina continuou: a senhora mesmo andou falando no jantar que não existe felicidade total, existe momentos felizes.

– Deixa eu tentar te explicar. A felicidade clandestina é uma felicidade exclusiva. Uma felicidade a dois. Se um terceiro aparece, vira tragédia brasileira. Deixa de ser clandestino.

– Sei, sei. É uma felicidade escondida. Igual alguém que namora alguém e namora outro alguém também.

– Como você descobriu isto?

– Com o papai

— Ah, seu pai sempre te deseducando.

- Peguei uma conversa de papai com padrinho Jonas. Ele comentava que Tia Adélia, embora noiva de Adelmo, andava de caso com o primo Délio.

— Menina, cuidado com o que ouve.

— É ou não é uma coisa clandestina?

— Não deixa de ser.

— E deve ser melhor que a outra felicidade.

— Não sei, nunca experimentei.

— A senhora nunca foi ao cinema com papai?

— Claro!

— Então a senhora já experimentou.

As corujas, em coro, deram uma sonora e gostosa gargalhada.

A mãe ainda não refizera do susto, quando a menina disparou:

— E laços de família? Família tem laços?

A mãe entrou na brincadeira.

— E como tem laços a família. A nossa família além de tudo, foi amarrada com um nó cego, vingou a mãe.

(Claver de Luna. *A clara cor de Clarice.*)

Notas:

Clarice Lispector nasceu na Ucrânia, na aldeia de Tchetchelnik, no dia 10 de dezembro de 1925. Morreu no dia 9 de dezembro de 1977 no Rio de Janeiro.

Perto do Coração (romance), Rio de Janeiro, A Noite, 1944.

A Maçã no Escuro (romance) Rio de Janeiro, Francisco Alves, 1961.

Felicidade Clandestina (contos). Rio de Janeiro, Sabiá, 1971.

Laços de Família (contos) Rio de Janeiro, Francisco Alves, 1960.

1. Depois de tentarmos penetrar nos mistérios de Clarice, brinquemos com outros autores e outros livros.
2. Eu me lembro, eu me lembro de um ajantarado (antigamente o almoço de domingo tinha esse nome) e lá estavam (nomear as pessoas e as comidas servidas). Atenção: Vale inventar.
3. Prepare uma receita ou prato para a pessoa por quem você está terrivelmente apaixonado(a). Atenção: Vale misturar as coisas da natureza, emoções, objetos, detalhes físicos, como pôr do sol, alegria, caixa de lápis de cor, piscina, praia, cabelo, peito etc.
4. Prepare uma receita ou um prato para quem você odeia.
5. Crie um diálogo entre as hortaliças.
6. Imagine-se na pele da menina da história que você acabou de ler. O que mais ela perguntaria à mãe dela?
7. Conte, em forma de crônica, conto ou poema, a história daquela mulher gorda que se casou com um trapezista.

    Ou daquele homem que engordava só de ler anúncio de comida.

    Ou daquela mulher que virou modelo em Londres.

    Invente um mundo só de magros ou só de gordos. Aí aparece alguém diferente e acontecem mil coisas.

✎ LEMBRETE

Para que seu texto tenha o peso ideal, leia a dieta abaixo:

1. Não abuse dos adjetivos e advérbios. Use-os com moderação.
2. Prefira as frases curtas às longas.
3. Invente o máximo. Deixe sua imaginação escorrer no papel.
4. Algumas doses de humor não fazem mal algum
5. Preocupe-se com o visual de seu texto. A beleza, às vezes, é fundamental.
6. Escreva, primeiramente sem censura, tudo sobre o tema sugerido. Depois corte, corte, corte. Passe a limpo. Escreva

de novo. Corte, corte, corte. Passe a limpo novamente. Não tenha preguiça.

7. Só escreva o necessário. (E o necessário já é muito).

✎ LEMBRETE 2

Receita de entender a alma de um gato

Ponha o seu gato no colo
Mergulhe em seus olhos oblíquos
E como se fossem veleiros
Solte o corpo inteiro
Navegue em seus mistérios.

(MURRAY, Roseana. *Receitas de olhar*. São Paulo: FTD, 1997, p. 15)

Sexto

Das artes narrativas

▶▶ Abertura

Viaje e brinque nestas palavras

O estalo veio num desastre da Central durante um piquenique de subúrbio. Me deu de repente vontade de fazer um poema herói--cômico sobre o sucedido, e fiz. Gostei, gostaram. Então continuei. Mas isso foi o estalo apenas. Apenas fizera algumas estrofes soltas, assim de dois em três anos; e aos dez, mais ou menos, uma poesia cantada, de espírito digamos superrealista, que desgostou muito minha mãe. – "Que bobagem é essa, meu filho?" – ela vinha. Mas eu não conseguia me conter. Cantava muito aquilo. Até hoje sei essa poesia de cor, e a música também. Mas na verdade ninguém se faz escritor. Tenho a certeza de que fui escritor desde que concebido. Ou antes... Meu avô materno foi escritor de ficção, meu pai também. Tenho uma desconfiança vaga de que refinei a raça...

(ANDRADE, Mário de. *Por que escrevo?* José Domingos de Brito (org.), v. 1. São Paulo: Escrituras, 2000, p. 62)

Não é comigo

Esta é uma história sobre quatro pessoas:

Todo mundo, alguém, qualquer um e ninguém

Havia um importante trabalho a ser feito. E TODO MUNDO tinha certeza de que ALGUÉM o faria. QUALQUER UM poderia tê-lo feito, mas NINGUÉM o fez. ALGUÉM zangou-se porque era trabalho de TODO MUNDO. TODO MUNDO pensou que QUALQUER UM poderia fazê-lo, mas NINGUÉM imaginou que TODO MUNDO deixasse de fazê-lo.

Ao final, TODO MUNDO culpou ALGUÉM quando NINGUÉM fez o que QUALQUER UM poderia ter feito.

(Colaboração de Marco Túlio Diniz Rocha.
In: *Diário da Tarde*, de 15 de março de 1999)

Praticando as artes narrativas

1. Escreva uma pequena história com estes personagens: TODO MUNDO, ALGUÉM, QUALQUER UM E NINGUÉM.

   A ordem dos quadrinhos (cartuns) a seguir foi propositadamente modificada. Ordene os quadrinhos (cartuns) de acordo com a sua leitura. Depois de ordenados, conte a história que você vislumbra. Não esqueça do roteiro básico que ronda todas as histórias:

   1- ONDE se passa a história?

   2- QUEM são os personagens?

   3- O QUE eles querem?

   4- O QUE vão fazer para alcançar o objetivo?

   5- QUEM vai interferir?

   6- COMO?

   7- POR QUÊ?

LEMBRETE

"É possível, sim, mudar o rumo da vida. Pois não se está mudando o rumo do viaduto, que foi construído em cimento armado e parecia a construção mais definitiva da cidade?"

(ANDRADE, Carlos Drummond de. *Obras Completas*.
Rio de Janeiro: Nova Aguillar, 1969, p. 824)

(Ilustração Jussara Brasil)

(MIGUEL, Lourdes. *De dos en dos*. Espanha: News sons difusion)

(FURNARI, Eva. "O chapéu". *A bruxinha atrapalhada*. São Paulo: Global,1997)

NARRAR é contar.

Estamos sempre reinventando as histórias do mundo. O mundo é palavra grande. Redonda. Montanhosa. Abissal. Deus se fez palavra para habitar entre nós. Contar é narrar. E quando aprendemos o significado de uma palavra, apreendemos todo o seu universo vocabular e gráfico. Sua extensão e limite. Medimos o homem pelo horizonte de seu vocabulário. NARRAR É CONTAR: "E a princípio Deus criou os céus e a terra". E continuamos ouvindo e criando histórias para encantar este mundo que é do homem e do diabo. CONTAR É NARRAR. E narramos feitos de nossas conquistas. E nos sentimos heróis de um novo mundo. Às vezes pedimos licença ao passado para introduzir um novo canto, uma nova maneira de contar e ouvir: "Cesse tudo o que a musa antiga canta/que outro valor mais alto se alevanta, já dizia Camões apresentando Vasco da Gama como o Ulisses lusitano. Criamos os heróis para justificar o próprio mundo. E narramos, ao pé da fogueira, as histórias que Rosa contava ao Manuel, o Bandeira. E que histórias são estas que povoam a povoaram o imaginário do brasileiro? Tudo começou quando o homem primitivo substituiu o desenho pela palavra. E desde então o homem não parou de contar e cantar a sua história e a dos outros. NARRAR É CONTAR. E para contar uma história podemos começar como o Rosa, o Guimarães: "Nonada. Tiros que o senhor ouviu foram de briga de homem não, Deus esteja..." ou Flaubert, em Madame Bovary: "Estávamos em aula, quando entrou o diretor seguido de um novato, vestido modestamente, e servente sobraçando uma carteira..." ou como o Ramos, o Graciliano, em São Bernardo: "Antes de iniciar este livro, imaginei construí-lo pela divisão de trabalho... Estas são maneiras de iniciar uma história. Nestes exemplos notamos a presença do personagem-narrador. O narrador se veste de personagem e a história é narrada na primeira pessoa. O foco narrativo se espelha na figura do narrador. É o narrador que conduz sua própria história. CONTAR É NARRAR. Steinbeck, em *A leste do Éden*, começa assim: "O vale de Salinas fica no norte da Califórnia. É uma região pantanosa, comprida e estreita, entre duas cordilheiras..." Já Machado de Assis preferiu começar o seu conto "A cartomante" desta maneira: "Hamlet observa a Horácio que há mais cousas no céu e na terra do que sonha a nossa filosofia..." NARRAR É CONTAR. E quem não se lembra da professora na sala de aula ou da mãe que adormecia o filho com a mais primitiva forma de contar: "ERA UMA VEZ um mercador muito rico. Dispunha de abundantes rendimentos, de servos e escravos, de grande número de mulheres e filhos. Morava no Oriente e vinha das mil e uma noites..." NARRAR É CONTAR. Agora quem conta a história não é o personagem-narrador. É o narrador onisciente. Conta na terceira pessoa. É ele quem dá os rumos das histórias. É como um Deus, manipulando e conduzindo o seu mundo à sua imagem e semelhança. CONTAR É NARRAR. E nesta viagem de nunca acabar, precisamos contar e escrever histórias na primeira ou na terceira pessoas, porque o mundo é palavra e a palavra precisa de nosso sopro e liberdade.

1. ENTÃO complete o texto a seguir:

    Era uma vez uma menininha que gostava de palavras montanhosas como......... e..............., à noite sonhava com palavras............................ e sonho caminhava sobre um rio de águas................ Uma chuva de .... caía no seu caderno de capa azul. Ela se chamava Mariela. Uma dia ganhou da mamãe um livro todo .... e nele as histórias se multiplicavam. Ela adorava uma que começava assim: ....

2. Tente lembrar de um fato acontecido no ontem da vida. De uma data significativa, de uma festa que se eternizou na memória, de uma fogueira que continua acesa no coração. Do passa-anel em noite de lua cheia, de um namorado que ficou esperando na pracinha da Matriz. De caso banal, de um "causo". Lembre-se de que as histórias sempre respondem às perguntas: DE QUEM SE TRATA? DE QUE SE TRATA? ONDE SE PASSA? POR QUÊ? COMO? QUANDO?

3. Continue o texto a seguir ou invente outras estruturas semelhantes:

    Olhe a palavra na esquina

Olhe o medo da palavra na esquina
Olhe o medo que pode causar a palavra na esquina
Olhe a esquina, o medo, a palavra ganhando...........
Olhe há palavras chegando nas esquinas, trazendo alguns.
....
O poeta está perdido na cidade grande
O poeta perdido está na cidade grande
A cidade do poeta perdido é grande
....

A saída

Aconteceu às quatro da tarde, em plena luz do dia. O menino estava lá, espichado como um gato, na rede em seu quarto. Caderno e lápis na mão. Balançando suavemente, estava inventando uma história, quando viu pela janela o diabo pulando o portão de sua casa.

Estremeceu. Seus pais haviam saído para fazer compras e sua irmã ainda não voltara da escola.

O diabo veio caminhando pelo jardim, em direção à porta, pisoteando as margaridas que se insinuavam ao vento. Na hora o menino pensou que o diabo, com seus poderes demoníacos, ia atravessar as paredes, mas ele simplesmente deu um sopro diabólico e seu bafo insuportável derreteu a porta instantaneamente. Depois, ao chegar no quarto e ver o menino apavorado na rede, deu um sorrisinho perverso e, exalando seu mau cheiro infernal, disse diabolicamente:

– Vim te pegar, garoto. Vou te levar pro inferno.

Mas aí, inesperadamente, o menino perdeu o medo. Espichou-se então pela rede, todo belo e formoso, sem dar a mínima pro diabo.

– Você não pode me pegar – o menino disse.

– Posso – rugiu o diabo avançando com sua cara de mau.

O menino retrucou:

– Não pode!

O diabo ficou mais endiabrado ainda e esbravejou:

– Por que não?

– Porque eu posso parar de escrever – disse o menino.

E parou.

(CARRASCOZA, João Anzanello. Ilust. Walter Ono.
Nova Escola, abril de 1991)

▶▶ Relaxamento

(Continuar os textos)

1. O segredo de Irmã Tavares estava no cofre da casa. O cofre ficava na sala de visitas do convento. Atrás de uma gravura renascentista. Ali, entre outros documentos e joias do convento, havia um envelope branco e dentro do envelope a confissão da Irmã Tavares. Além de Irmã Tavares, a madre superiora também tinha acesso ao cofre e consequentemente ao segredo. Na parte externa do envelope, a informação: "este envelope só deve ser aberto após a morte de Irmã Tavares. Acontece que............"

2. "Você está esquisito, cortou o cabelo", ela disse. "Cortei", ele disse. "Tempo passa depressa, há quanto tempo não nos vemos", ela disse. "É, o tempo passa depressa", ele disse. "A última vez que te vi, você ainda trabalhava no banco", ela disse. "Faz cinco anos que saí de lá", ele disse.

   "Apesar do cabelo curto, você não mudou nada", ela disse. "Bondade sua", ele disse. ....

3. Eu era um mar de melancolia. Um coração pedra-bruta, um mundo sem alegria. Você sempre foi o contrário de mim. Alegre. Prestativa. Dinâmica. Fazendo amigos com facilidade, brincando com a vida, jogando o jogo do prazer e eu cultivando, em meu jardim particular, a flor da saudade. Mas hoje amanheci querendo mudar o mundo e mudar a minha imagem no espelho. Quero parecer um pouquinho com você. Será que terei sucesso ou sou um caso perdido. Uma moeda falsa, um bilhete corrido? Gostaria que você.
   ....

Sétimo

O túnel

▶▶ Abertura

Viaje e brinque nestas palavras

[...]

Tão comodamente que eu estava lendo, como quem viaja num raio de lua, num tapete mágico, num trenó, num sonho. Nem lia: deslizava. Quando de súbito a terrível palavra apareceu e ficou, plantada ali diante de mim, focando-me: ABSCÔNDITO. Que momento passei!...

(QUINTANA, Mário. *Agenda Poética*.
Porto Alegre: Globo, 1977, p. 18)

Do Estilo

Fere de leve a frase... E esquece... Nada
    Convém que se repita...
Só em linguagem amorosa agrada
A mesma coisa cem mil vezes dita

(Idem)

.....

Sou Juan Pablo Castel, o pintor que matou Maria Iribarne...

... Existiu uma pessoa que poderia entender-me. Mas foi precisamente essa a pessoa que matei...

... em todo o caso, havia apenas um túnel, obscuro e solitário: o meu.

(SABATO, Ernesto. *O túnel*. Trad. Sérgio Molina.
São Paulo: Companhia das Letras, 2000)

Túnel (tunnel), *s. m.* Caminho ou passagem subterrânea.

Túnel

Relaxamento:

Vamos escrever palavras que tenham a ver com as palavras:
- Túnel, estrada, esquina, cidade, luminosidade, morte, além, curva.

▶▶ Prática

Continuar a frase:
- *Apesar do tempo neblinoso, há uma luz, mesmo tênue, no fundo do túnel. Atravesso ou não atravesso este túnel?*

A. Se atravessar, continuar: A saída não é ideal. Mas é uma saída. E agora, qual estrada pegar? Há um trevo logo adiante.

Continuar a frase:
- *Da próxima vez, pensarei duas vezes antes de enfrentar um túnel.*

Passar a limpo retirando as frases da proposta.

B. Se não atravessar, continuar: Contorno ou não contorno a montanha? Há duas possibilidades: voltar pelo mesmo caminho ou contornar. O que faço?

Continuar a frase:
- *Da próxima vez não hesitarei diante de um túnel.*

▶▶ Prática 2

(variações em torno do mesmo tema)

1. Faça um esboço, para uma possível história, da seguinte situação:

   > *Quatro pessoas embarcam em um trem vazio. Não há mais ninguém. A mulher é loura e carrega uma pasta de executivo. Senta-se na janela. No meio do vagão. Ao seu lado um padre jovem lê uma revista literária. Um homem calvo e barbudo está sentado três bancos à frente. Não carrega nada. Mas suas mãos não saem do bolso do paletó. Atrás do casal, aproximadamente 5 bancos, um jovem de cabelos grandes e trajando jeans masca chicletes e procura qualquer coisa em sua mochila. O trem avança na paisagem. Ouve-se um apito e uma placa ao longo da estrada dá notícia de um túnel próximo.*

2. Escreva esta história:

   > *Você está percorrendo um túnel que parece interminável. De repente, você cai num buraco imenso, profundo, sem fim. E nesse cair, a memória volta no tempo e você revive um episódio banal, simples, mas extremamente feliz, muito feliz, que aconteceu na infância/adolescência.*

3. Você está prisioneira(o). Matou o amor.

   > *De posse de uma colher de sopa começa a cavar um túnel. À medida que cava, relembra as fases da relação. (1) o primeiro encontro, o primeiro beijo, a viagem de férias, o acasalamento, a viagem para o interior, o primeiro desentendimento, as longas estiagens e outonos, a desconfiança, a carta de outro, o ciúme, o desenlace. (Lembre-se de Ernesto Sábato, em O Túnel: "Todos sabem que matei Maria Iribarne Hunter. Mas ninguém sabe como a conheci, que relação houve exatamente entre nós e como fui interiorizando a ideia de a matar".)*

▶▶ Relaxamento e esquentamento

Completar o texto:

Sou ...., o pintor que matou.................. Todos sabem que matei .... Mas ninguém sabe como a conheci. Era noite de verão em .... Ela vestia.......... e trazia no pescoço um.............. O salão estava cheio........os corpos bailavam Strauss. .... estava sentada, sozinha na mesa. Convidei-a para.................. conversarmos sobre................. depois fomos................ e não .... Tempos depois fizemos uma viagem de............... e quando atravessávamos um túnel .... me falou de um sonho estranho. Nesse sonho.................... virava uma.................... que.................. . e depois................. e................. Quando o túnel acabou,.............. voltou à serenidade. Era .... Mas logo em seguida apareceu outro túnel. Bem maior que o anterior e .... começou uma conversa absurda e fui respondendo no mesmo tom:

– *Você já esteve nos campos minados da memória?*

– *Claro, nunca saí de lá, respondi brincando.*

– *Então, você é..................................*

– ....

– ....

– ....

– ....

Após essa conversa, comecei a reparar os olhos de .... e percebi uma centelha de .... Depois ela mexeu na bolsa e, em vez do batom, vi .... e .... Se estou arrependido? ....

(Baseado no clima da novela *O túnel*, de Ernesto Sabato)

Oitavo

Há um pouco de poesia em cada prosa

▶▶ **Abertura**

Viaje e brinque nestas palavras

Todo romance que começo
Termina em verso

(MEDEIROS, Martha. *Livro da Tribo*. Regina Garbellini e
Décio de Melo (orgs.). São Paulo: Tribo, 1998)

"compreender e representar o particular é o específico da arte. E, ademais, enquanto nos limitarmos ao universal, todos podem nos imitar, mas ninguém pode imitar nosso particular. Por quê? Porque os outros não o viveram."

(GOETHE. Apud SAVINO, Antônio. *Tempo*.
Rio de Janeiro: José Álvaro, 1970, p. 18)

Fórmula

NÃO se faz poesia
Com penas de amianto
E com réguas e decálogos
Não se fazem poetas.

A poesia se faz
Com uma pena imantada
No elétrico circuito
De palavras sem códigos
E um poeta se faz
Com o desvio maior
Dos nossos descaminhos
De silêncio em trânsito.

(BEATRIZ, Elza. *Silêncio armado*.
Belo Horizonte: Comunicação, 1978, p. 21)

1. A metalinguagem

- Leia o texto que se segue. Trata-se de um exercício de escrita. É o poema discutindo a própria criação. Ele, o poema, é a fonte, a informação, o exercício, a criação. É a linguagem que se debruça sobre ela mesma.
- Não tenha pressa em concluir o texto. O texto se faz. O escritor é um operário. Um trabalhador. É alguém que faz o poema com o suor de seu rosto, como quer Cassiano Ricardo. Não jogue fora as etapas da construção de um texto. Guarde-as. Depois compare-as. Há todo um caminho a percorrer, há todo um caminho percorrido. Ninguém saberá de sua satisfação ou sofrimento ao realizar um texto. Só o criador sabe as dimensões e as limitações de sua obra. Escrever é um exercício de vida. É o sonho se tornando matéria, areia, pedra, palavra.
- Deixe seu subconsciente jorrar. Deixe as palavras habitarem sem censura o minifúndio da folha em branco. Mas é preciso deixar que o povo de seu poema grite e o coração transborde.
- Fiquemos com o poeta mexicano Octavio Paz:
"Os poetas dizem a verdade quando dizem que, ao começar a escrever um poema, não sabem o que vão dizer. Escrevemos para dizer o não dito, e para conhecê-lo."

(ANDRADE, Mário de. *Por que escrevo?*
José Domingos de Brito (org.), v. 1. São Paulo: Escrituras, 2000, p. 65)

▶▶ Exercício

~~XXX~~ (Uma viagem) em torno de um poema
(de uma poesia)?

Poema = um objeto, um corpo de palavra; a poesia vai além do poema; se revela no ~~poeta~~ poema; a poesia se cria, o *poema* se faz; do grego: ~~poités~~, ´poema´ "o que se faz".

Não se ~~constrói~~ (faz) com ~~asas~~ (remos)

Verbo "fazer" "é mais forte que "construir". Lembra a etimologia da palavra "poeta"; do grego "poités", *o que faz*.

Asas/remos – como o poema se realiza por si mesmo, a palavra "remos", que é, também um instrumento de navegação. Talvez complete melhor a ideia de "viagem".

"Asas" ficaria melhor se jogada com a palavra poesia.

Temos:
*Uma viagem em torno de um poema
não se faz com remos nem contornando
a ~~palavra~~ (a cidade) se faz antes com a palavra*

O poema se faz com palavra. A palavra é o instrumento do poeta, é a sua matéria-prima. *O poema se faz antes com a palavra.* Mas não vamos abdicar do espaço e das possibilidades do desenho da palavra.

Temos:
Uma viagem em torno de um poema não se faz com remos nem contornando a cidade se faz com a palavra

Continuando:
Que ~~adormece~~ (debruça) no dicionário

É missão do poeta acordar nas palavras seu poder mágico e deixar que elas mostrem suas possibilidades.

Continuando:
*que ˢᵉ debruça no dicionário se faz
com o tempo ~~com~~ com um amor só*

Verbo "fazer" vem reforçar a ideia do "poités". "Se faz com o tempo". O elemento "tempo" é essencial na criação. O artista condensa no tempo e tenta vencê-lo. A conquista do tempo e do espaço é o grande desafio da arte. *Com um amor só* a solidão é companheira. O ato de escrever exige fidelidade e exclusividade. O amor, embora plural, é único.

Continuando:

com o tempo, com um amor
só por isso é vário
~~este~~ *o cantar...*

O cantar é vário. O poeta tem as palavras e estas, mil possibilidades de voo e âncora. O poeta tem o tempo e o tempo, mil direções e estações.

O poeta é um cantor, um iluminado, mas é antes um operário. Resta-nos agora combinar as palavras e deixar que elas fluam sem pressa. Resta-nos deixar que o tempo (medida de todas as coisas) espalhe suas asas. Restam-nos as palavras em estado de dicionário, exatas e puras. Resta ao poeta o ofício de roubar a paz que nelas habita.

Temos:

Uma viagem em torno de um poema
não se faz com remos nem contornando
A cidade, se faz antes com a palavra
que se debruça no dicionário. Se faz
com o tempo, com um amor só
por isso é vário o cantar...

Mas é preciso deixar que o povo de seu poema *grite* e o coração *transborde*.

(CLAVER, Ronald. *Suplemento Literário do Minas Gerais*, n. 792, 05 de dezembro de 1981)

2. Do universal para o particular (Seguindo no rastro de Goethe, ver página inicial)

▶▶ Prática

Luís de Camões buscou, nas histórias da Bíblia, a motivação para um dos mais belos sonetos da língua portuguesa. A história de Raquel, Lia, Labão e Jacó. E, em se tratando de Camões, é sempre bom relê-lo.

> Sete anos de pastor, Jacó servia
> Labão, pai de Raquel, serrana bela
> mas não servia ao pai, servia a ela
> e a ela só por prêmio pretendia
>
> Os dias, na esperança de um só dia
> passava, contentando-se com vê-la
> porém o pai, usando de cautela
> em lugar de Raquel lhe dava Lia
>
> Vendo o triste pastor que com enganos
> lhe fora negada a sua pastora
> como se a não tivera merecida
>
> Começa de servir outros sete anos
> dizendo: mais servira, se não fora
> para tão longo amor, tão curta a vida.
>
> (CAMÕES, Luís de. *Poemas*. Lisboa: Clássica, 3 ed., 1960, p. 90-91)

Façamos o mesmo.

Busquemos, na história de Maria, a motivação para o nosso texto, seja ele em prosa ou em verso.

A história de Maria é conhecida. Um anjo (Gabriel) apareceu para a menina Maria e anunciou-lhe que seria a mãe de Jesus etc.)

Eis o fato, falta o texto.

Lembre-se de que a literatura é a reinvenção da realidade.

Dê asas à sua imaginação. Desde que você convença o leitor, tudo vale. Vale até contar essa história ao contrário.

> INVENTE palavras novas. Crie outras situações.
> Outras paisagens, outros personagens.

Torne essa história mais bonita, atraente, diferente, fantástica.

Lembre-se de que o poeta é o que faz, o que cria. É um demiurgo. Um reinventor de mundos.

3. Do particular para o universal (ainda nas pegadas de Goethe)

Leia o poema que se segue. Faça uma interpretação do mesmo. Você, infelizmente, vai reduzi-lo a uma simples notícia. Escreva a notícia que está no poema.

Fale dos problemas ambientais que vivemos hoje e que estão implícitos no poema. Fale da questão ecológica que transparece no poema.

Use uma linguagem direta, transparente, universal, unívoca, denotativa:

Indagação

Na morta biosfera
O fantasma do pássaro
Inquiriu
Ao fantasma da árvore
(que não lhe respondeu):
– A Primavera já era
ou ainda não nasceu?

(ANDRADE, Carlos Drummond. *Discurso da primavera e algumas sombras*. 3. ed. Rio de Janeiro: José Olympio, 1979, p. 92)

Nono

O avesso da palavra

▶▶ Abertura

Viaje e brinque nestas palavras

3 de maio
Aprendi com meu filho de dez anos
Que a poesia é a descoberta
Das coisas que nunca vi.

(ANDRADE, Oswald de. *Pau-Brasil*,
5. ed. São Paulo: Globo, 2000, p. 99)

Redação Escolar

1. Tema: *Amor em grupo*
2. Descrição: *Um grupo escolar*
3. Ação: *Escolares contemplando uma árvore, a mestra com olhar de mestra, está ao lado dos meninos. De olho nos meninos: é o dia da árvore. Um menino, num átimo, arranca a flor da árvore e a deflora. A professora, com cara de professora e temor de professora, põe a mão na cabeça e diz: Meu Deus!*

4. Indicação: *Adote um ecologista*

5. Contra-indicação: *Não adote um ecologista*

6. Precaução: *Não adianta escrever muito, a professora, além de não ler, rasga.*

(Claver de Luna, poetinha da rua)

▶▶ Prática

Leia a divertida crônica de Veríssimo a respeito das aéreas, misteriosas e instigantes palavras e letras e depois participe, descobrindo o avesso e a transparência de outras letras e palavras.

DE A a A

Quando aprendemos a ler, as letras são grandes. Nas cartilhas as letras eram enormes. Lá estava o **A**, como uma grande tenda, o **B** com seu grande busto e sua barriga maior ainda. O **C**, sempre pronto a morder a letra seguinte. O **D**, com seu ar próspero de grão-senhor. Até o **Z**, que sempre parecia estar olhando para trás, como que para se convencer que era mesmo a última letra do alfabeto.

As letras eram grandes, claro, para que decorássemos a sua forma. Mas não precisavam ser tão grandes. Que eu me lembre, minha visão na época era perfeita. Nunca mais foi tão boa. E, no entanto, os livros infantis eram impressos com letras graúdas e entrelinhas generosas. E as palavras eram curtas. Para não cansar a vista.

À medida que íamos crescendo, as palavras iam aumentando e as letras diminuindo. Quando não se tem mais uma visão de criança é que se começa, por exemplo, a ler jornal, com seus tipos miúdos e linhas apertadas que requerem uma visão de criança. Na época em que começamos a prestar atenção em coisas como notas de pé de página, bulas de remédio e subcláusulas de contratos já não temos mais metade da visão perfeita que tínhamos na infância, e esbanjávamos nas bolas da Lulu e no corre-corre do Faísca.

Chegamos à idade de ler grossos volumes em corpo 6 quando só temos olhos para as letras gigantescas, coloridas e cercadas de muito branco, dos livros infantis. Quanto mais cansada a vista, mais exigem dela. Alguns recorrem à lente de aumento para selecionar as grandes palavras adultas em manejáveis monossílabos infantis. E para restituir às letras a sua individualidade soberana, como tinham na infância.

O **E**, que sempre parecia querer distância das outras.

O **R**! Falava-se em "pé da letra" mas só o **R** realmente tinha pé. Ou o usava para chutar.

O **V**, que aparecia em várias formas: refletido na água (o **X**), de muletas (o **M**), com seu irmão siamês (o **W**).

O **Q**, que era um **O** com a língua de fora.

De tanto ler palavras, nunca mais reparamos nas letras. E de tanto ler frases, nunca mais notamos as palavras com todo o seu mistério.

Por exemplo: pode haver palavra mais estranha do que "esdrúxulo"? É uma palavra, sei lá esdrúxula. Ainda bem que nunca aparecia nas leituras da infância, senão teria nos desanimado. Eu me recusaria a aprender uma língua se soubesse que ela continha a palavra "esdrúxulo". Teria fechado a cartilha e ido jogar bola, para sempre. As cartilhas, com sua alegre simplicidade, serviam para dissimular os terrores que a língua nos reservava. Como "esdrúxulo". Para não falar em "autóctone". Ou, meu Deus, em "seborréia".

Na verdade, acho que as crianças deveriam aprender a ler nos livros de Hegel e em longos tratados de metafísica. Só elas têm visão adequada à densidade do texto, o gosto pela abstração e tempo disponível para lidar com o infinito e as categorias históricas. E na velhice, com a sabedoria acumulada numa vida de leituras, com as letras ficando progressivamente maiores à medida que nossos olhos se cansavam, estaríamos então prontos para enfrentar o conceito básico de que Vovô vê a uva de Eva.

Vovô vê a uva de Eva! Toda nossa inquietação, nossa perplexidade e nossa busca terminaria na resolução deste enigma primordial. Vovô. A uva. Eva. A visão.

Nosso último livro seria a cartilha. E a nossa última aventura intelectual a contemplação enternecida da letra **A**. Ah, a letra **A**, com suas grandes pernas abertas, pronta a dar à luz um universo.

(*Jornal do Brasil*, Revista de Domingo, 1992)

Brincando com palavras, letras e idiomas

1. Após a leitura de Veríssimo ("De A a A") tente descobrir alguma correspondência com a realidade entre letras não mencionadas. Exemplo: P, Y, N, M, F, T, U, I, K, J, L etc.
2. Liste algumas palavras que você acha bizarras.
3. Desenhe as palavras MONTANHA, PICO, OPULENTA, FIO, CORRENTE etc., realçando nelas o que há de correspondência com a natureza.
4. PALAVRA É IMAGEM.
5. Leia o texto que se segue. Ele está no belo livro de Marilda Castanha, *Pindorama – Terra das Palmeiras*, da editora Formato.

PINTURA, ESCRITA – A pintura era, e ainda é, a escritura das tribos, e passa de pai para filho. Ou melhor, de mãe para filha, porque na maioria das tribos pintura ainda é arte das mulheres. Fabricam a própria tinta: negra com o jenipapo, vermelha com o urucum.

Como todo bicho nasce pintado e só gente não, a mãe risca macio na pele do filho. As mulheres deslizam traços cuidadosos que representam desenhos ou detalhes de tudo o que vive na floresta: pinta da onça ou da jibóia, espinha de peixe, desenho do casco do tatu ou do tamanduá, do corpo da paca ou do peixe pacu. A forma desenhada pode ser de bicho que corre, ou voa, ou desliza.

Com os dedos, com a nervura da folha de palmeira, chumaços de algodão ou carimbos esculpidos no talo do buriti, "escrevem" em pele macia, no corpo de cada um da aldeia. Mãe pinta filho e marido, avó pinta o neto e a neta, irmã pinta irmão. Mas pintura no corpo não é somente para embelezar. É também cheia de significados, de sentidos para cada situação vivida na tribo. Um deserto para quando o menino se torna adulto, outro para caçar ou guerrear, outro ainda para a mãe que está de resguardo. Só mesmo o olhar experiente saberá ler no desenho se a pessoa é casada ou solteira, se é chefe ou não. Para um olhar experiente, imagem é palavra.

PALAVRA, IDENTIDADE – E as palavras das línguas indígenas foram criadas muitas vezes combinando idéias, unindo pensamentos. Para os Maxacali, que vivem no norte de Minas Gerais, a palavra **kax** significa som de pássaro, ou voz humana. E a palavra **amix**, desenho ou risco. Juntas, formam outra palavra: **kax-amix**, que significa "escrever ou riscar o som." Assim, a palavra se torna mesmo a continuação de um pensamento, passado para todos da tribo.

Para índio, não falar a língua do seu povo é ir perdendo pouco a pouco a memória de sua cultura. A sabedoria indígena mora também nas palavras, na tradição oral, nos seus cantos e histórias. Esquecê-los é apagar o próprio conhecimento.

Durante muito tempo, muitas tribos foram proibidas de falar em seu próprio idioma, como os Xacriabá. Proibindo-os, o homem branco acabava interferindo e transformando a cultura de cada povo e seus hábitos tradicionais. Perder a língua indígena é como perder a força e a identidade.

E dentro da própria aldeia a identidade e também a igualdade são respeitadas. Por isso é que o chefe ou conselheiro não tem privilégios e não decide sozinho. Os Krahó têm uma líder para resolver os assuntos do mundo feminino, os Kayapó têm a Casa dos Homens e os Xavante têm o Conselho dos Velhos, que cuidam dos assuntos da tribo e das relações com o homem branco.

Decidir é também saber escutar.

(CASTANHA, Marilda. "Terra das Palmeiras". *Pindorama*.
Belo Horizonte: Formato, 2000, p. 33-34)

6. Agora leia e veja, com olhos de poeta e de criança, os desenhos de Pablo M. Camargo e dê, primeiramente, um sentido ou nomes aos ícones (signos) do desenho.

(Ilustração Pablo M. Camargo)

7. De posse da nova nomenclatura dada aos ícones, escreva uma história utilizando os símbolos. LEMBRE-SE de que para os índios IMAGEM É PALAVRA.
8. Depois crie, com os símbolos de Pablo, um código de trânsito para a floresta.

9. Agora divirta-se com as reflexões e os olhares de Millôr Fernandes sobre as letras.

O **A** é uma letra com sótão. Chove sempre um pouco sobre o à craseado. O **B** é um **I** que se apaixonou pelo 3. O **b** minúsculo é uma letra grávida. Ao **C** só lhe resta uma saída. O **Ç** cedilha, esse jamais tira a gravata. O **D** é um berimbau bíblico. O **e** minúsculo é uma letra esteatopigia (esteatopigia, ensino aos mais atrasadinhos, é uma pessoa que tem certa parte do corpo, que fica atrás e embaixo, muito feia). O **E** ri-se eternamente das outras letras. O **F**, com seu chapéu desabado sobre os olhos, é um poste antigo. A pontinha do **G** é que lhe dá esse ar desdenhoso. O **g** minúsculo é uma serpente de faquir. O **H** é uma letra duplex. A parte de cima é muda. Serve também como escada para as outras letras galgarem sentido. O **h** minúsculo é um dinossauro. O **I** maiúsculo guarda, em seu porte de letra, um pouco do número **1** romano. O **i** minúsculo é um bilboquê. O **J**, com seu gancho de pirata, rouba às vezes o lugar do **g**. O **j** minúsculo é uma foca brincando com sua bolinha. Vê-se nitidamente; o **K** é uma letra inacabada. Por enquanto só tem os andaimes. Parece que vão fazer um **R**. Junto com o **k** minúsculo o **K** maiúsculo treina passo-de-ganso. O **L** maiúsculo parece um **I** que extraíram com raiz e tudo. Mas o **l** minúsculo não consegue disfarçar que um número (1) romano espionando o número arábico. O **M** maiúsculo é um gráfico de uma firma instável. O **m** minúsculo é uma cadeia de montanhas. O **N** é um **M** perneta. No **n** minúsculo pode-se jogar críquete com a bolinha do **o**. O **O** maiúsculo boceja largamente diante da chatice das outras letras. O **o** minúsculo é um buraquinho no alfabeto. O **p** é um **d** plantando bananeira. Ou o **q**, vindo de volta. O **Q** maiúsculo anda sempre com o laço do sapato solto. O **q** minúsculo é um **p** se olhando de costas ao espelho. O **R** ficou assim de tanto praticar halterofilismo. Sente-se que o **s** é um cifrão fracassado. O **S** maiúsculo é um cisne orgulhoso. Na balança do **T** se faz jusTiça. O **U** é a ferradura do alfabeto, protegendo o galope das idéias. O **u** minúsculo é um **n** com as patinhas pro ar. O **V** é uma ponta de lança. O **W** são vês siameses. O **X** é uma encruzilhada. O **Y** é a taça onde bebem as outras letras. Desapareceu do alfabeto porque se entregou covardemente, de braços pra cima. O **Z** é o caminho mais curto entre dois bares. O **z** minúsculo é um **s** cubista.

(< www.uol.com.br/millor> Nonada, n. 79. Belo Horizonte, PUC-Minas-Extensão, 1º de novembro de 2000)

2. Brincando com a arte dos haicais

HAICAI é um poema japonês constituído de três versos, dos quais dois são pentassílabos (cinco sílabas) e um, o segundo, heptassílabo (sete sílabas).

No Brasil, os poetas exercitam essa arte livremente, sem o rigor oriental. GUARDAM, no entanto, a estrutura de três versos.

Visitemos os hai-kais (esta é grafia do Millôr Fernandes) do Millôr ou Millôr dos hai-kais.

Se o cão é uivante
a lua vira
quarto minguante

Na poça da rua
o vira-lata lambe
a lua

A caveira é bem rara
pois não pensa nem fala
só encara

Quantas palavras de amor
morrem
no apontador?

Goze
quem sabe essa
é a última dose?

(Hai-kais. Porto Alegre: L&PM, 1997, p. 14, 26, 39, 59, 76)

Para melhor entendermos a arte do haicai, fiquemos com Yeda Prates Bernis, que, por meio de um poema, nos ensina mais do que mil teorias:

SE você quer compor um haicai
À moda de Bashô,
Mesmo imperfeito, verifique primeiro
Se já viveu inúmeras vidas
Come por despojar-se do supérfluo das vestes da alma:
Paletó de esnobismo
Camisas de inquietude
Agasalhos de orgulho
Meias de apegos
Deixe o espírito, em síntese, aquietar-se, desnudo.
Perceba o cintilar da essência de tudo o que rodeia.
Veja o mundo com o olhar dos anjos
Faça de seus ouvidos concha de
Inocência,
Imite o poeta Francisco.
Deixe que o silêncio
Seja sua própria carne.
Junte no embornal da viagem
Às sendas de Oku
Da vida, poucas palavras:
Lua, folhagem, templo, relva, primavera,
Garça, brisa.
E por que não?
Pulga, piolho, o mijo de um cavalo.
Derrame sobre elas
Um punhado de estrelas
E as espalhe no papel.

(BERNIS, Yeda Prates. *Encostada na paisagem*.
Belo Horizonte: Phrasis, 1998, p. 9)

2.1. AGORA é a sua vez:

COMPLETE os haicais abaixo. Eles são de Yeda e também estão *Encostados na paisagem*.

Desconfiando a lua,
Peixe salta para o céu:
Prata buscando............

O vento
Leva para o mar
A tarde..........................

Na carta guardada
Sempre murmura
O...............

Um pouco de maio
Um pouco de flor
Muito...............

No baile de jovens
O leque da senhora
Exala sândalo e ....
(prata, azul, silêncio

(prata, azul, silêncio, amor e saudade)

FAÇA você também alguns haicais. Sugerimos os temas: inverno, carícia, vento, namorada, luar, beija-flor, relva, madrugada, anoitecer, vermelho etc.

---

3. Descobrindo o desenho dos poemas:
   Conquistando o espaço em branco
   Dando asas e formas às palavras

APROVEITE as cores do mundo
As cores dos olhos
As cores da caixa de lápis de cor
TENTE visualizar os poemas e frases a seguir.
USE o espaço sem economia
USE a cor sem parcimônia
DEIXE as letras mexerem e o olho pensar
DESENHE palavras e crie um arco-íris para elas.
(Vale carta enigmática)

▶▶ Exemplos

1. O ELEFANTE: Ele é enorme e extenso. Nele tudo sobra. Tem duas orelhas que mais parecem janelas ao vento. Tem dois rabos, um na frente e outro atrás. Tem dois dentes fora da boca e muitos dentro. Seu pé é redondo como bola de futebol e quando caminha parece que o mundo vai afundar.

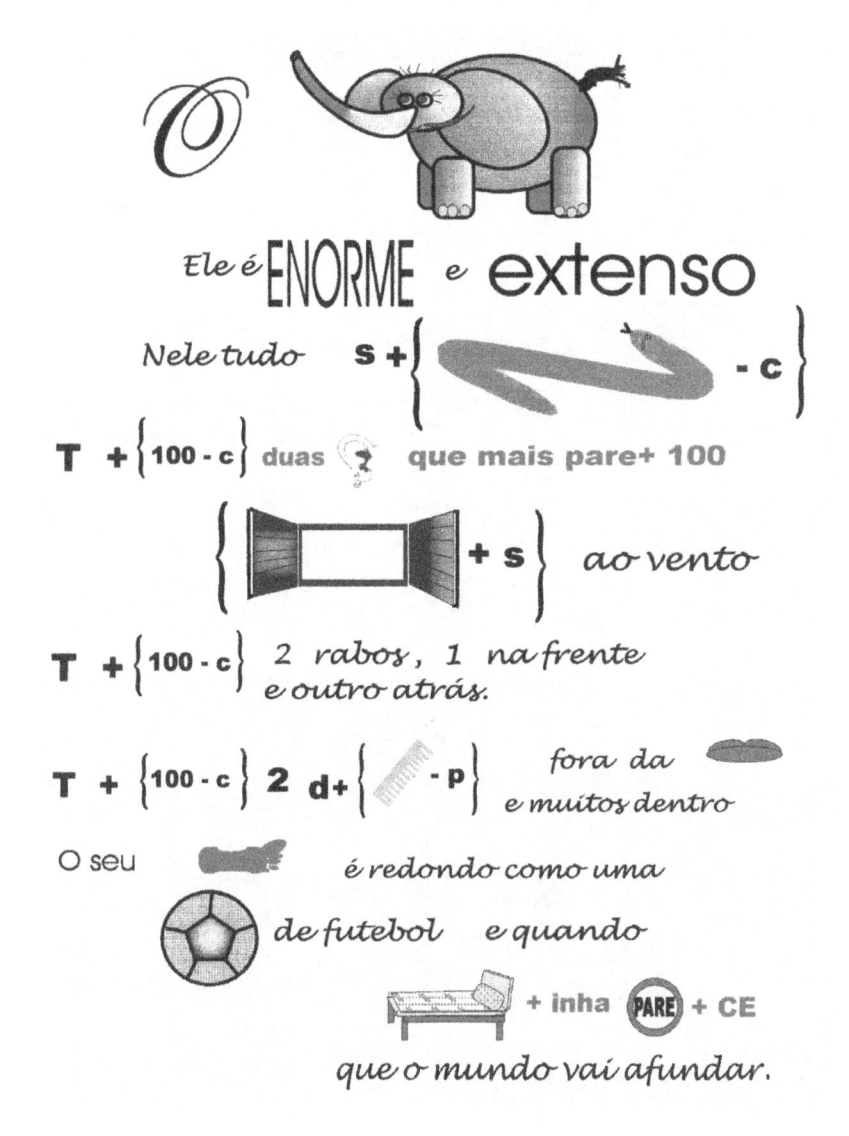

Ele é ENORME *e* extenso

Nele tudo s + { 🐍 - c }

T + { 100 - c } duas 👂 que mais pare+ 100

{ 🪟 + s } *ao vento*

T + { 100 - c } 2 *rabos, 1 na frente e outro atrás.*

T + { 100 - c } 2 d+ { 🪮 - p } *fora da* 👄 *e muitos dentro*

O seu 🦶 *é redondo como uma* ⚽ *de futebol e quando* 🛏️ + inha (PARE) + CE *que o mundo vai afundar.*

(CLAVER, Ronald. *Dona palavra*. São Paulo: FTD, 2002, p. 33-34)

2. A locomotiva

A LO CO MO
A LO CO MO
A LO CO MO
A LO CO MO
A LO CO MO
TI
TI
TI
TI
VAVAVAVAVAVAVAV

(CLAVER, Ronald.*O olho que mexe, pensa e diverte*.
Belo Horizonte: Dimensão, 2002)

3. O TREM: Um trem passa em minha janela às 9:00 horas. Tem dia que passa às 9:30. Às vezes passa às 8:45. Tem vez que nem passa.

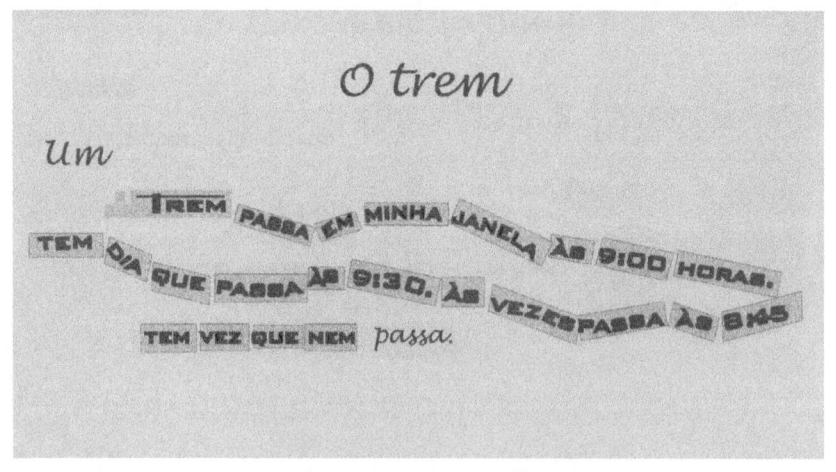

O trem

Um TREM PASSA EM MINHA JANELA ÀS 9:00 HORAS. TEM DIA QUE PASSA ÀS 9:30. ÀS VEZES PASSA ÀS 8:45. TEM VEZ QUE NEM passa.

(Idem)

4. Espelho, espelho meu. Quem te refletiu não fui eu.

Espelho

ESPELHO, OHLEPSE meu

quem te refletiu

não fui eu.

(CLAVER, Ronald. *O olho que mexe, pensa e diverte*.
Belo Horizonte: Dimensão, 2002)

Sugerimos os textos:

Esquinas

Deus fez a terra redonda para os homens não se perderem nas esquinas. O homem, não contente com as florestas, cachoeiras, campinas inventou a cidade e, conseqüentemente, as esquinas.

(Idem)

O papagaio

O papagaio brinca no céu com o desenho de nossos olhos. Em seu vôo, cores ganham plumagem e o coração, asas.

(Idem)

O gato

O gato é gatíssimo: gosta de colo, veludo, novelo de lã, sofá e de lua.

(CLAVER, Ronald. *O gato*. Inédito)

O rio

O rio em fio ruma no rumo ditado pela geografia. Magros rastros rasos. Silentes soluços soltos. Ampliando no tempo em tempo a marcha marcada em ritmo de suas quedas, quedas. Silentes soluços soltos ruma no rumo ditado pela geografia.

(CLAVER, Ronald. *O olho que mexe, pensa e diverte.*
Belo Horizonte: Dimensão, 2002)

A invenção do rio

Quando Deus viu a cobra serpenteando, meandrando, passeando nos jardins do paraíso, pensou alto: "Por aqui pode passar a água". E inventou o rio.

(Idem)

> FAÇA ESTES TEXTOS E OUTROS
> E MAIS OUTROS DANÇAREM
> NO PAPEL EM BRANCO E EM SUA IMAGINAÇÃO.

Décimo

Das artes dissertativas

▶▶Abertura

Viaje e brinque nestas palavras

[...] Morei no interior do Espírito Santo. Faz meio século. Eu anotava as palavras regionais que considerava curiosas, eram resquícios do português arcaico. Um matuto quis saber o motivo de minhas anotações e me perguntou: "O senhor tem dificuldades na escrita"? Respondi-lhe que pretendia escrever um livro. Ele me aconselhou a comprar um livro já escrito para evitar o trabalho de fazer outro.

(LOBATO, Manoel. "Será que a escrita está no fim?" O Tempo, 5 de novembro de 2000)

O rio

Tereza olha mansamente o rio. Ele tão velho e tão novo a cada segundo. Sempre ensinando a lição da inconstância e da impermanência. Tereza no mesmo lugar cheia de sonhos de viajar com o rio. Visitar outras paisagens, despencar em suas cachoeiras, aconchegar-se em seus remansos, chegar no longe. Mas fica ali, olhos perdidos nas águas, esperando o barco que não chega.

Arrisca mergulhos solitários, acompanha o vôo de nhambu, admira-se no faiscar das borbulhas d'água ao sol. Mas o barqueiro não tem horas de chegar. Suas idas e vindas acontecem em tempos incertos. E o barco está sempre ocupado por outras tantas gentes e passa ao largo apesar do olho comprido de Tereza. E o coração de Tereza se liquefaz neste olho que se desmancha em rio. Um dia Tereza ainda morre de amor.

(MLB. *Presença Pedagógica*, ano 13, n.74, 1996)

1. DISSERTAR é argumentar. É expressar ideias a respeito das coisas que estão no mundo ou fora dele. É refletir sobre todas as coisas. O texto dissertativo tem uma arquitetura exata. Tudo é calculado. É uma viagem definitiva. Qualquer acidente de percurso avaria a rota e temos que começar tudo novamente. Por isso é preciso calcular com precisão, estabelecer as metas a serem conquistadas.

    O texto dissertativo tem uma espinha dorsal. Funciona em harmonia. É bastante clara a sua estrutura. Na INTRODU-ÇÃO devemos mostrar o que queremos, nossos objetivos, a delimitação do assunto e o plano que iremos desenvolver. Agora chegou a hora do DESENVOLVIMENTO. Alguns procedimentos são necessários para que não saiamos da linha. Vamos enumerar o nosso ponto de vista, as causas e as consequências, faremos comparações, vamos dar exemplos, lançaremos mão de dados estatísticos, poderemos também ordenar os fatos cronologicamente, faremos citações, contra--argumentaremos, se preciso for. Depois de expor o assunto, de argumentar, é hora de epilogar. A CONCLUSÃO é o fecho. Parece com o início. Deve conter, sucintamente, o objetivo proposto na introdução e a sua conclusão deve ser precisa e clara.

    ALGUNS pecados devem ser evitados. A **ambiguidade** (ou anfibologia) é um deles. E ela ocorre quando a frase apresenta mais de uma interpretação. É preciso ficar atento com a pontuação e com o emprego de palavras ou expressões. E cuidado com os possessivos.

O texto deve ser claro e a falta de clareza nos conduz à **obscuridade**. Períodos longos, linguagem rebuscada e má pontuação fazem nosso texto ficar pobre.

O **pleonasmo** redundante também é sinal de pobreza, embora nossos clássicos tenham abusado dele. "Vi com estes olhos o lume incandescente.", já se dizia no português de antanho. E a **cacofonia**? "Lá tinha de tudo", "Alma minha que..." Os sons não fazem bem aos ouvidos. Na prosa, devemos evitar a repetição de sons semelhantes. O **eco** é sinal também de pobreza. "Sua mente é demente por isso você mente alegremente." O olhos pedem um texto enxuto, conciso, claro, objetivo. Ninguém gosta de ser enrolado, de ficar ouvindo abobrinhas. Não encha linguiça, vá direto ao assunto. Evite a **prolixidade**, o excesso. Corte o desnecessário, Escrever, é também, cortar palavras.

1. Da prática para a teoria

DISSERTAÇÃO (do lat. *Dissertatione*) s.f. Exposição desenvolvida, escrita ou oral, de matéria doutrinária, científica ou artística. 2. Exposição, escrita ou oral, acerca de um ponto de vista das matérias estudadas que estudantes apresentam aos professores. 3. Discurso, conferências, preleção.

(Dicionário *Aurélio*)

Da prática para a teoria, ou o que torna a DISSERTAÇÃO diferente da narração ou da descrição?

Sugerimos, antes de qualquer consideração teórica, a leitura do texto abaixo, "Lothar", que chamaremos de 1.

Lothar

Encontrei o Rolinha na esquina do Bar do Padeiro, pra trocar gibis.

O negócio era meio secreto, porque o gibi era uma leitura condenada pelos pais, tias, e, principalmente, pelas professoras. E olhe que naquele tempo não tinha televisão. Tinha era o seriado "Flash Gordon" todos os domingos no Cine São José.

Troquei os gibis no maior segredo. Se alguém visse, corríamos perigo. Só o Padeiro sabia de nossas tramóias. Foi ele quem guardou durante muito tempo, minha coleção de "Mandrake". Se o "Mandrake" aparecesse em minha casa, mesmo sendo mágico, seria ameaçado pela tesoura da mamãe.

Um "Fantasma" valia por dois "Capitão Marvel", um "Mandrake", por três "Capitão América", e assim por diante.

Naquele dia consegui trocar três "Mandrake" por quatro "Flash Gordon". O Rolinha topou a troca porque era tarado pelo Flash e sabia as estórias de cor. Depois eu deixei meus gibis no Padeiro, que, como sempre, disse: "É a última vez".

O Padeiro só guardava os gibis. Não sabia ler nem escrever. Era um crioulo forte e grosso. Desses que encaram um saco de farinha de 60 kg, sem mostrar as falhas dos dentes. E quando ele caminhava, parecia que o mundo ia cair. Nós o apelidamos de "Lothar", aquele amarra-cachorro do Mandrake. A princípio, o Padeiro não gostou. Perguntava: "Lothar o quê?" e saía resmungando.

Um dia o Rolinha mostrou-lhe o desenho do Lothar. O Padeiro ficou pensativo vendo aquele brutamontes com roupa de tigre. Duas rugas brotaram em sua testa. Os olhos se dilataram, cruzou as mãos e vociferou:

– No Carnaval vou comprar uma roupa desta.

(CLAVER, Ronald. *A última sessão de cinema*,
São Paulo: FTD, 2002, p. 67)

Podemos observar que o texto lido se estrutura a partir de três preocupações básicas:
- relatar fatos, ocorrências da infância do narrador;
- tecer considerações sobre os conceitos dos gibis junto aos mais velhos;
- caracterizar o Padeiro.

1.1. Na medida em que conta, relata fatos, o texto se caracteriza como NARRATIVO. Os fatos presentes no texto podem ser identificados facilmente:

- o encontro com o Rolinha;
- a troca dos gibis e sua cotação entre os garotos;
- o episódio do desenho mostrado ao Padeiro.

1.2. Nota-se, por parte do autor do texto, a preocupação em justificar o clima de tensão vivido pelos garotos da época, toda vez que se envolviam com os gibis. Introduz-se então na *narrativa*, um conceito de valor:

- a atitude de represália dos mais velhos quanto às histórias em quadrinhos.

Mesmo não discutindo a razão pela qual os mais velhos repudiavam as histórias em quadrinhos, podemos dizer que o texto encerra elementos *dissertativos*, uma vez que se refere a um *conceito*, a um ponto de vista.

1.3. Quando o autor se volta para a figura do cúmplice dos garotos, observamos a preocupação em revelar:

- pormenores físicos do Padeiro: preto, forte, pesadão;
- aspectos psicológicos do Padeiro: condescendente com os garotos, ignorante, meio ingênuo;
- a reação do Padeiro quando vê o desenho de Lothar.

1.4. Da leitura do texto 1 e dessas rápidas considerações, podemos tirar as seguintes conclusões:

A. Um texto pode ser, simultaneamente, narrativo, descritivo e dissertativo.

B. O texto lido se caracteriza como predominantemente *narrativo*, já que os elementos descritivos e dissertativos nele contidos existem em função dos *fatos* que o autor pretendeu relatar.

C. A *narração* conta e relata fatos, ocorrências, configurados num determinado tempo.

D. A *descrição* fotografa, pinta, mostra como o observador vê e sente as coisas e pessoas. A descrição é *caracterizadora*.

E. A *dissertação* é uma sequência de conceitos, opiniões, pontos de vista (de caráter pessoal ou alheio).

2. Estrutura da dissertação

2.1. Uma vez conhecido o que é dissertação, passemos a observar como se estrutura esse tipo de redação.

A dissertação joga essencialmente com ideias, concebidas a partir de temas amplos e discutíveis. É uma sequência de conceitos, que devem obedecer a uma ordem lógica de apresentação, a saber:

- *Princípio* – apresentação da ideia básica.
- *Meio* – desenvolvimento dessa ideia.
- *Conclusão* – reafirmação da tese inicial.

2.2. Aproveitando o assunto do Texto 1, ("Lothar"), elaboramos outro texto – essencialmente dissertativo –, cuja estrutura discutiremos mais adiante.

Texto 2

1. O homem, antes de escrever, desenhou. O desenho foi a primeira manifestação artística do homem. Daí a afirmação de que a primeira história em quadrinhos nasceu na parede de uma caverna. O homem primitivo, no desejo de comunicar seu mundo, desenhava, nas paredes, bisões, cenas de guerras, objetos, enfim, tudo que o rodeava.

2. A segunda história em quadrinhos teve seu palco no Egito, com os hieróglifos, a primeira forma escrita conhecida. E depois dela o homem não mais parou de contar histórias e estórias para os tempos futuros.

3. Dizem que a Via Sacra foi a primeira história em quadrinhos impressa.

4. No século XX, o homem descobriu que os quadrinhos eram um bom produto a ser vendido e apareceram os heróis, para combater todo o mal que pesa sobre o mundo.

5. Como o primeiro herói conhecido morreu no final da história, e na cruz, outros heróis, também com poderes extraterrenos, valorizavam a moral, não só cristã, mas a dos bons costumes. E criou-se o herói perfeito, apolíneo. O herói, para ser herói mesmo, tem de ser bom, bonito, alto, altaneiro, feliz, sábio, enciclopédico, astuto, ilimitado, paternalista, protetor dos fracos e dos oprimidos. O herói dos quadrinhos é, portanto, um tipo maniqueísta. Seu lema é servir. Servir em nome de uma instituição, de um país, de uma ideologia, de uma filosofia. É aquele que não teme o inimigo. Porque o inimigo é repudiado pela sociedade e por isso deve ser eliminado, destruído.

6. O bandido também é apresentado numa visão radical. Ele deve ser feio, baixo, gordo, infeliz, limitado, terreno e prejudicar os ricos, os pobres, os opressores e os oprimidos. O bandido é a escória da sociedade, não pode ter vez. E ele se presta a uma auto-realização sádica do homem comum. Derrotando o bandido, estamos derrotando a sociedade que também nos oprime, embora, às vezes, fiquemos ao lado dele. Freqüentemente nos surpreendemos torcendo para que o marginal do porto ou o aventureiro da floresta arranque a máscara do "Fantasma". Mas, se isso acontecer, será decepcionante. Perde-se o mistério, o encanto, porque o "Fantasma" não pode ser desmascarado, pois tem uma tradição de 400 anos.

7. Hoje estamos atravessando uma outra fase – a do anti-herói. É um herói chegado a um Quixote, visionário, trapalhão. Vem, de certa maneira, representar o homem atual, caótico e perdido no mundo das comunicações.

8. Estamos tão perdidos que os quadrinhos, antes tão combatidos por educadores e pais, vêm sendo levados a sério, a ponto de servirem como motivação na aprendizagem. Haja visto seu uso e abuso nos livros didáticos atuais, o que pode levar à saturação.

9. Se o primeiro homem soubesse que, milhares de anos depois, o mundo seria invadido pela poluição visual que assola nossas

ruas, vitrines, cinemas, cartuns etc., ele, certamente, teria gritado a palavra mágica "Shazan" e apagado o seu desenho.

(CLAVER, Ronald. *Escrever sem doer*.
Belo Horizonte: UFMG, 1992, p. 56-57)

2.2.1. Consideramos como "princípio" ou "introdução" os três primeiros parágrafos em que se pretende mostrar:
- a origem das estórias em quadrinhos;
- o desenho como forma de comunicação.

2.2.2. O "meio" compreende o quarto, quinto, sexto, sétimo e oitavo parágrafos, que revelam o contexto cultural de uma época, os quadrinhos, a partir das seguintes ideias secundárias:
- a utilização do herói como preservador dos valores das classes dominantes;
- o bandido simbolizando os valores repudiados pela ideologia dessa mesma classe;
- a relação público/leitor;
- a desmistificação do herói tradicional – o anti-herói como elemento de identificação do homem moderno;
- a utilização dos quadrinhos no ensino.

2.2.3. A "conclusão", no último parágrafo, retoma as ideias do "introdução" e do "meio", segundo as quais o desenho, de mero anseio de comunicação do homem primitivo, passa a ser utilizado para atender aos interesses da sociedade capitalista.

3. Habilidades necessárias na elaboração de uma dissertação

3.1. Antes de mais nada, temos que saber estruturar as ideias de acordo com o que foi exposto ao comentário do Texto 2.

3.2. **Paragrafação**

Além de saber desenvolver as ideias distribuindo-as nas três partes básicas da dissertação, é importante separá-las por parágrafos.

"O parágrafo é uma unidade de composição constituída por um ou mais de um período, em que se desenvolve ou se explora determinada ideia central, a que geralmente se agregam outras, secundárias mas intimamente relacionadas pelo sentido."

Temos, por exemplo, no Texto 2, no quinto parágrafo, considerações a respeito dos heróis dos quadrinhos. Quando se passa a tratar dos bandidos, ocorre uma mudança de parágrafo.

Mas não basta separar as ideias em parágrafos. É necessário saber ordenar os parágrafos, de maneira tal que as ideias fiquem bem-concatenadas.

Outra recomendação que se faz é no sentido de se comporem parágrafos que não sejam muito longos.

3.3. Expressão: Clareza e concisão

3.3.1. Numa dissertação, as ideias devem ser expressas da maneira mais *clara* possível.

Deve-se ter o cuidado de evitar construções que deem margem a uma dupla interpretação.

Vejamos, por exemplo, um trecho (modificado) do texto 2:

Derrotando o bandido, estamos derrotando a sociedade que nos oprime, embora, às vezes, fiquemos do *seu* lado.

Vamos observar que o emprego do possessivo "seu" conduz à ambiguidade, já que ele pode estar-se referindo tanto a "bandido", como a "sociedade". Assim, não fica claro se ficamos do lado do bandido ou da sociedade. Para solucionar a dúvida, basta substituir "do seu lado" por "do lado dele".

Esse é apenas um caso de ambiguidade, mas outros poderão surgir. O importante é que se fique atento para que uma frase pouco clara não prejudique o sentido geral da dissertação.

3.3.2. A *concisão* é outra qualidade que deve ser buscada. Concisão opõe-se a prolixidade. Prolixo é o texto pouco objetivo, de linguagem rebuscada, repetitivo e de difícil compreensão. A concisão é alcançada quando, por exemplo, se evita a redundância, ou seja, a repetição desnecessária.

Vamos retomar um trecho do primeiro parágrafo do texto 2:

"O homem, antes de escrever desenhou. O desenho foi a primeira manifestação artística do homem. Daí a afirmação de que a primeira história em quadrinhos nasceu na parede de uma caverna."

Esse mesmo trecho, de conciso passaria a prolixo, se fosse redigido assim, por exemplo:

"Como antes de escrever, o homem desenhou, costuma-se dizer que a primeira história em quadrinhos nasceu da parede de uma caverna, já que o desenho foi a primeira manifestação artística do homem, pois ele, como antes já se mencionou, já desenhava antes de escrever e assim a história em quadrinhos tem suas origens com o homem das cavernas."

3.3.3. Conseguimos um texto claro e conciso quando, em vez de abusar dos *períodos longos*, preferimos os *períodos curtos*.

Vejamos o que diz Mattoso Câmara Júnior:

"A separação dos pensamentos mais ou menos conjugados em períodos curtos e distintos tem a vantagem de apresentá-los de uma maneira gradual à compreensão. O leitor faz a consolidação do que lê e o ouvinte do que ouve, na pausa de um período a outro. Se o período é longo e complexo, é preciso um trabalho de análise do conjunto, a qual exige tensão mental e resulta cansaço. Os períodos curtos vão oferecendo por si mesmos essa análise, e a compreensão se faz com muito menos esforço."

(CÂMARA JÚNIOR, Mattoso. *Manual de Expressão Oral e Escrita*. 18. ed. Petrópolis: Vozes, 1999, 184p.)

Como exemplo, releia os dois trechos citados no item anterior: o primeiro formado por três períodos curtos, o segundo formado por um único e longo período.

3.4. Uso conveniente dos processos de coordenação e subordinação de ideias – Uso apropriado das partículas de transição.

3.4.1. Numa dissertação, como em qualquer outro tipo de redação, os pensamentos articulam-se em parágrafos que, por sua vez, são formados por períodos simples e compostos.

Nos períodos compostos, as ideias geralmente apresentam quatro tipos mais comuns de ligação:

- concatenação pura e simples;
- contraste;
- explicação;
- subordinação em geral.

3.4.2. Os três primeiros constituem o processo denominado "coordenação". Na coordenação, a ligação pode ficar implícita entre as orações ou então vir expressa pelas chamadas partículas de ligação ou transição:

- concatenação pura e simples: *e*;
- contraste: *mas* e equivalentes;
- explicação: *pois, porque, porquanto*.

Além da coordenação entre orações, ocorre a coordenação entre os períodos, quando se empregam também as partículas:

- concatenação: *além disso* e equivalentes;
- contraste: *entretanto, todavia, não obstante*;
- explicação: *com efeito*.

3.4.3. Já a subordinação pressupõe um período único (não falamos, normalmente, em subordinação de períodos). Torna-se obrigatória a presença de partículas de transição (*quando, embora, se* etc.) para ligar as orações.

3.4.4. conclui-se, das considerações feitas, que o conhecimento dos processos de estruturação da frase nos torna mais seguros no momento de articular nossos pensamentos em uma redação.

3.5. Adequação da linguagem

3.5.1. A adequação da linguagem se faz a partir do tema proposto, quando um único tom deve ser observado.

3.5.2. No Texto 1, por exemplo, o personagem-narrador, ao se referir a fatos do cotidiano, utiliza uma linguagem distensa, mais próxima do coloquial:

"...*pra* trocar os gibis."

"*Tinha* era o seriado do ´Flash Gordon´."

E outra observação a respeito do mesmo texto, já que o autor se volta para a infância, observamos uma coerência no emprego de expressão, dentro desse contexto do passado:

"Só o Padeiro sabia de nossas *tramóias*" ("transas").

"O Rolinha, topou a troca porque era *tarado* pelo Flash" ("vidrado").

Outra característica da linguagem do Texto 1 é o fato de ser mais *conotativa*, isto é, algumas palavras não são tomadas no seu sentido próprio, usual, mas sugerem outras ideias, como, por exemplo:

"Desses que *encaram* um saco de farinha..." ("carregam").

2. Da teoria para a prática

Seguem dois textos. Ambos falam da bola e do futebol. Tente estudá-los à maneira do "Lothar" e dos "Quadrinhos". Aplique a teoria aprendida.

Quem inventou a bola

Ninguém sabe. Sabemos que o homem é capaz de tudo. Sabemos que os sábios construíram pirâmides, metrôs, viadutos, templos, cidades. Criaram a roda, a eletricidade, a bomba atômica, a teoria da relatividade, o capitalismo, a Guerra do Vietnã e a possibilidade de tomar banho de cachoeira nas montanhas de Minas. Os homens inventaram o telefone, o avião, o chorinho e a garantia de namorar de mãos dadas na pracinha de uma cidade do interior. Foram à Bahia, Europa, França, Conceição do Mato Dentro e Mesquita. Escreveram bulas, salmos, romances, tratados, certidões. E um poema que o adolescente guarda na gaveta do coração para declarar-se à amada.

Mas quem inventou a bola que quica no olho da menina? E onde está a bola que foi plantada no jardim de Di Stéphano[1] e se chama La Vieja? Onde está a bola que obedece à estranha geometria dos pés de Garrincha? Onde está a bola que virou pedal, selim, guidom na humana bicicleta de Leônidas? Onde está a bola chamada Leonor que cai como folha seca no coração inimigo? E a bola fatídica de Gighia[2] que calou o Maracanã e adiou o sonho campeão.

E a bola adolescente que maravilhou a loura Suécia vinda de Três Corações? Onde está a bola com que o possesso Amarildo fez a cordilheira dos Andes derreter-se de alegria? Onde está a bola que virou furacão, incêndio, torpedo e poesia nos pés de Jairzinho, Rivelino, Tostão e orquestra? Onde está a bola disciplinada, ordeira, fiel de 94? Onde estão a bola e seu mágico fascínio?

Que bola é essa que tem poder de reunir, aglutinar, pluralizar? Que bola é essa que convive democraticamente com o bandido e o artista, com o rico e o infortunado? Com os extremos e os limites. Que bola é essa que é fome e sede, esperança e glória? Afinal, quem a inventou? Dizem que foram os chineses, sei não. Acho que foi aquele menino que pegou a Lua cheia e convocou a turma para a pelada.

(CLAVER, Ronald. *A bola da paixão*.
Belo Horizonte: Formato, 1998, p. 4-5)

III

Meu nome é Paulo Angel Bastos. Esse Angel vem do meu avô Nonô, que nasceu em Santa Maria do Itabira. Tinha um cavanhaque branco. Os meninos, quando viam Vô Nonô, primeiro gritavam, depois corriam. "Bode branco é a mãe", respondia Vô Nonô. "Olha

---

[1] Jogador que marcou o gol do Uruguai na decisão da Copa do Mundo de 1950, no Maracanã.
[2] Jogador argentino que jogou no Real Madrid, na década de 1960.

a compostura", ralhava Vó Maria. Vô Nonô, apesar dos impropérios, era manso e sábio como um bem-te-vi domingueiro. Desses que esperam primeiro o sol aparecer para anunciar sua cantilena. Dizia frases que naquele tempo a gente estranhava, mas hoje são lições de rebeldia. Vô Nonô dizia que o dia era claro porque Deus acendia os seus olhos. Os olhos de Deus, dizia Vô Nonô, têm lâmpadas incandescentes. Lembro-me do medo de um dia encontrar Deus e cair dentro de seus olhos. Ah, Vô Nonô dizia-se jogador de futebol. No tempo em que goleiro era *goal-keeper* e o juiz era Sua Senhoria. Gol era *golo* e impedimento, *off-side*. Canhoto, chutava do meio do campo. Foi sucesso em Santa Maria do Itabira e adjacências. Herdei dele este gosto pelo futebol e minha paixão, mas há uma menina que queria no meu time. O nome dela é Cris.

IV

Cristina Angélica às suas ordens. Às vezes sou lua cheia, outras vezes, maré rasante. Estou sempre em véspera. Claro que sonho com o meu príncipe. Há sempre um príncipe nos esperando em qualquer castelo. Sei que não há limites para quem está disposto a sonhar. Tenho medo de tudo e às vezes não tenho medo nenhum. Sou e não sou. Gosto de horóscopo. Embora saiba que os astros, às vezes, mentem. Hoje meu horóscopo assinala que devemos aproveitar para relaxar ao máximo, procurando restaurar plenamente nossas energias. Convém não nos deixarmos levar excessivamente pelos repentes. Será importante que a gente não hipervalorize minúcias e analise as coisas de modo abrangente. O mais importante de tudo é não me afastar das coisas que realmente quero e desejo. E o Paulinho? Ele me olhou de modo diferente. Em tempo: sou Libra.

(CLAVER, Ronald. *A bola da paixão*.
Belo Horizonte: Formato, 1998, p. 10-11)

2. **Praticando as teorias** (sua vez)

O tema será a palavra RIO.

A GÊNESIS DE UM TEXTO, seja ele narrativo, dissertativo ou descritivo, é a mesma.

UM texto se faz com palavras. É bom pesquisar sobre o tema proposto. Ler a respeito do tema e anotar as palavras que futuramente usaremos nele.

Brinquemos com a palavra RIO:

SABEMOS que "RIO" vem do lat. "rivu", no lat. Vulgar "RIU". O *Aurélio* diz que rio é um curso de água natural, de extensão mais ou menos considerável que se desloca de um nível mais elevado para outro mais abaixo, aumentando progressivamente seu volume até desaguar no mar, num lago, ou noutro rio, e cujas características dependem do relevo, do regime de águas etc.

SABEMOS também que Guimarães Rosa dizia que RIO só o São Francisco, o rio do Chico, o resto pequena é vereda.

E Mário Quintana dizia que a grande mágoa dos rios é não poderem parar.

Desses textos, podemos listar algumas palavras como: CURSO, ÁGUA, NÍVEL, RELEVO, MAR, LAGO, VEREDA, MÁGOA etc.

Poderemos ampliar o nosso vocabulário acrescentando PEIXE, REMANSO, MARGENS, UIARA, REPRESA, CARRANCA, CACHOEIRA, BARCO, AFLUENTE, AREIA, PRAIA, PESCA, FUNDURA, LARGURA, MISTÉRIO, PERIGO, BALSA, JANGADA, CANOA, ANZOL, ISCA, PEDRAS, NASCENTES, DRAGAS, MERCÚRIO, GARIMPEIRO, EROSÃO, PIRAPORA, SÃO FRANCISCO, ALDEIA, JANEIRO, QUEDAS, POROROCA, VAZIO, CHEIO, RASO, CORRENTEZA, SOL, SILÊNCIO, MERGULHO, TRAVESSIA, LIBERDADE, AMOR, BARRO, PONTE, FÉRIAS etc.

AGORA deixe o seu RIO correr no texto de sua folha em branco. Ele vai ser cachoeira, queda, mergulho, lembrança, poema, crônica, saudade.

Deixe-o mergulhar nas funduras de sua criatividade.

Evoque o rio de sua terra. Lembre que Alberto Caeiro dizia que o rio da aldeia dele era maior que o Tejo, era o maior rio do mundo, porque era o rio que corria em sua aldeia.

Realize aquela viagem que ficou na infância.

Recupere o amor que desliza na superfície das águas de ontem.

FINALMENTE a dissertação. E o título não poderia ser outro: POR QUE OS RIOS ESTÃO MORRENDO DE SEDE NO BRASIL?

Lance mão de toda a teoria herdada e boa viagem.

Décimo primeiro

O livro

▶▶Abertura

Viaje e brinque nestas palavras

Estava sorvendo a tarde que se dizia azul quando eles chegaram. Vinham de gravata borboleta, xale, pincinês, fraque, barbicha, cartola, bengala, relógio de bolso e galocha. Saíram de algum museu ou de alguma galáxia abandonada. A língua soava estrangeiro nos ouvidos quase absurdos. Carregavam livros, mulheres, e garrafas apetitosas. Falavam de arte, de literatura, música, labirintos, amores e neblinas, coisa rara naquele bar. Ouvido atento e olho na mira, procurei não perder nenhum gesto ou sussurro. Dom Ricardo, num portunhol castiço, dizia professoralmente para todos ouvirem que escrever é fácil. Você começa com uma letra maiúscula e termina com um ponto final. No meio, você coloca as idéias. Em reposta, um jovem paranaense, com uma faixa preta no lugar do cinto, contrapôs: "Dom Ricardo, nada é fácil, nada é difícil, tudo é possível e impossível. Devemos é desler, tresler, contraler, enlear-se nos ritmos da matéria, no fora, ver o dentro e, no dentro, o fora e navegar em direção às Índias e descobrir a América. O mulato magro, de colete e pincinês, com uma casmurrice latente, interveio, numa prosa medida e econômica, palavra puxa palavra, uma idéia traz outra, e assim se faz um livro, um governo, ou uma revolução, alguns dizem mesmo que assim é que a natureza compôs suas espécies. Um moreno arrebatado, depois de comer um vatapá, trepou em cima de uma mesa, e fez dela a sua tribuna. Como as aves do deserto, as almas buscam beber. Oh! Bendito o que semeia livros... livros... livros à mão cheia... E manda o povo a pensar! O livro caindo n'alma. É germe – que faz a palma. É chuva que faz o mar. Imediatamente, Ayden, portando um pincinês e girassol na lapela e um copo de absinto, concluiu com certa amargura, mas convicto das imposturas do tempo e do destino: A poesia nos procura até os 25 anos. Depois nós é que temos que procurá-la. Bem, disse o rapaz de barbicha, tudo é sonho, utopia, Minas, Oropa e Bahia, o negócio é que O sonho que se sonha só é só um sonho que se sonha só. Sonho que se sonha junto é realidade. Aturdido, despaginado, perdido em mim mesmo, desliguei a tomada da realidade, fechei o bar e me perdi na noite que era de veludo e luar.

(Pela ordem de fala: Pablo Neruda, Paulo Leminski, Machado de Assis, Castro Alves, W. H. Ayden e Raul Seixas)

Bem-aventurados

Bem-aventurados os pintores escorrendo luz
Que se expressam em verde
Azul
Ocre
Cinza
Zarcão!
Bem-aventurados os músicos...
E os bailarinos
E os mímicos
E os matemáticos...
Cada qual na sua expressão!
Só o poeta é que tem de lidar com a ingrata linguagem alheia...
A impura linguagem dos homens!

(Mário Quintana)

[...] Como as aves do deserto –
as almas buscam beber...
Oh! Bendito o que semeia
Livros... livros... à mão cheia...
E manda o povo a pensar!
O livro caindo n'alma
É germe – que faz a palma
É chuva – que faz o mar[...]

(Castro Alves)

1. O fazer fazendo o livro

1.1. Trabalhando em grupo de 4

Daremos quatro situações para cada grupo. Cada participante irá escrever um texto, independentemente do que o colega realizou. Ao final da confecção dos textos, caso o grupo queira alinhá-los, tudo bem.

✎IMPORTANTE: Antes de começarmos a escrever os livros, determinaremos o público-alvo.

Primeiro grupo – tema: *A boneca*

Participante
1. A primeira noite de uma boneca
2. A segunda noite de uma boneca
3. A terceira noite de uma boneca
4. A noite da boneca

✎ATENÇAO: Deem nome, idade, características físicas e psicológicas ao personagem. Vale para os outros grupos.

Segundo grupo – tema: *Espantalho*

Primeiro participante – A primeira vez de um espantalho
Segundo participante – A segunda vez de um espantalho

Terceiro participante – A terceira vez de um espantalho
Quarto participante – A vez do espantalho

Terceiro grupo – tema: *O beijo de Maria Rosa*
1. O primeiro beijo de (traição, carinho, vampiro, de morte) de Maria Rosa.
2. O segundo beijo de (....) de Maria Rosa.
3. O terceiro beijo de (...) de Maria Rosa
4. O beijo de Maria Rosa.

Quarto grupo – tema: *A guerra de J. Silva*
1. A primeira guerra de J. Silva
2. A segunda guerra de J. Silva
3. A terceira guerra de J. Silva
4. A guerra de J. Silva.

2. Materializando o livro

1. **Nome do livro e capa**

   Cada grupo dará um nome ao livro escrito. Exemplo: o primeiro livro poderia se chamar *Simplesmente Maria* etc. Depois de escolhido o nome, faremos uma capa colorida ou em preto e branco.

2. **Tamanho do livro**

   O livro terá o formato de uma folha A4 (21cm x 29,6cm); ou o formato de uma folha de ofício (21,6cm x 33,0cm); ou o formato tradicional (14cm x 21cm); ou terá as dimensões de um livro de bolso?

3. **Ficha catalográfica**
   - Nome do(s) autor(es)
   - Nome da editora
   - Ano da publicação
   - Número de páginas
   - ISBN (registro da Biblioteca Nacional)

☞ **Ainda**

Créditos para:
- O projeto gráfico
- O artista que fez a capa e as ilustrações
- O revisor

☞ **Outra página**
- O índice (caso haja)

☞ **Da confecção**

Depois do livro pronto, vamos encaderná-lo ou usaremos grampos.

☞ **Agora**

É encaminhá-lo a uma distribuidora e esperar que o mundo inteiro leia os nossos livros.

Décimo segundo

O destino assim quis
(Uma novela melodramática e sensual)

▶▶ Abertura

Viaje e brinque nestas palavras

O destino assim quis

Trata-se de uma obra de ficção. Qualquer semelhança com pessoas, lugares ou fatos é ficção. Até esta introdução é ficção. Na realidade, tudo é ficção.

1. ANTES de começarmos o nosso segundo livro, leiamos o texto que apareceu na Internet, e que Marina Ferreira e Tânia Pellegrini registraram no livro *Redação Palavra e Arte* da Editora Atual.

HighTech!!

por Millôr Fernandes

Na deixa da virada do milênio, anuncia-se um revolucionário conceito de tecnologia de informação, chamado de Local de Informações Variadas, Reutilizáveis e Ordenadas – L.I.V.R.O.

L.I.V.R.O. representa um avanço fantástico na tecnologia. Não tem fios, circuitos elétricos, pilhas. Não necessita ser conectado a nada nem ligado. É tão fácil de usar que até uma criança pode operá-lo. Basta abri-lo! Cada L.I.V.R.O. é formado por uma seqüência de páginas numeradas, feitas de papel reciclável e capazes de conter milhares de informações. As páginas são unidas por um sistema chamado lombada, que as mantém automaticamente em sua seqüência carreta.

O uso intensivo do recurso TPA – Tecnologia do Papel Opaco – permite que os fabricantes usem as duas faces da folha de papel. Isso possibilita duplicar a quantidade de dados inseridos e reduzir os seus custos pela metade! Especialistas dividem-se quanto aos projetos de expansão da inserção de dados em cada unidade. É que, para se fazer L.I.V.R.O.s com mais informações, basta se usar mais páginas. Isso porém os torna mais grossos e mais difíceis de serem transportados, atraindo críticas dos adeptos da portabilidade do sistema.

Cada página do L.I.V.R.O. deve ser escaneada por meio óptico, e as informações transferidas diretamente para a CPU do usuário, em seu cérebro. Lembramos que quanto maior e mais complexa a informação a ser transmitida, maior deverá ser a capacidade de processamento do usuário. Outra vantagem do sistema é que, quando em uso, um simples movimento de dedo permite o acesso instantâneo à próxima pagina. O L.I.V.R.O. pode ser rapidamente retomado a qualquer momento, bastando abri-lo. Ele nunca apresenta "ERRO GERAL DE PROTEÇÃO", nem precisa ser reinicializado, embora se torne inutilizável caso caia no mar, por exemplo. O comando "browse" permite acessar qualquer página instantaneamente e avançar ou retroceder com muita facilidade. A maioria dos modelos à venda já vem com o equipamento "índice" instalado, o qual indica a localização exata de grupos de dados selecionados. Um acessório opcional, o marcador de página, permite que você acesse o L.I.V.R.O. exatamente no local em que o deixou na última utilização, mesmo que ele esteja fechado. A compatibilidade dos marcadores de página é total, permitindo que funcionem em qualquer modelo ou marca de L.I.V.R.O. sem necessidade de configuração. Além disso, qualquer L.I.V.R.O. suporta o uso simultâneo de vários marcadores de página, caso seu usuário deseje manter selecionados vários trechos ao mesmo tempo. A capacidade máxima para uso de marcadores coincide com o número de páginas.

Pode-se ainda personalizar o conteúdo do L.I.V.R.O., através de anotações em suas margens. Para isso, deve-se utilizar de um periférico de Linguagem Apagável Portátil de Intercomunicação Simplificada – L.A.P.I.S. Portátil, durável e barato, o L.I.V.R.O. vem sendo apontado como o instrumento de entretenimento e cultura do futuro. Milhares de programadores desse sistema já disponibilizaram vários títulos e *upgrades*, utilizando a plataforma L.I.V.R.O.

(< www.uol.com.br/millor> 18 de novembro de 1999)

Roteiro de trabalho: *O destino assim quis*

1. Distribuição da novela: UMA cena para cada participante.
2. Para cada cena, temos:
   a) informação de quem são os personagens da cena;
   b) itens para desenvolvimento da cena que vai acontecer;
   c) resumo das cenas anteriores.
3. É aconselhável que os participantes não comentem entre si o que estão escrevendo.
4. Leitura das cenas pelos escritores e discussão sobre o resultado.
5. O copidesque:
   Um grupo, ou um elemento, irá alinhar as cenas. Enquadrar os personagens, determinar a cidade ou os lugares onde acontecem as cenas.

   É importante ressaltar que o número de cenas deve ser exatamente o número de participantes da atividade para que todas as cenas sejam escritas ao mesmo tempo.

O destino assim quis:

☞ **Cena 1**
- Personagens: João Maria, 41, pardo, chofer de táxi.
- Julieta Rosa, 27, solteira, albina transeunte – funcionária dos correios.

Ação:
- João Maria atropela Julieta
- Julieta sofre um desmaio
- João socorre Julieta, levando-o para o pronto-socorro
- O médico de plantão, Dr. Lima, suspeita de fratura de crânio.
- Julieta é conduzida ao bloco cirúrgico.

☞ **Cena 2**

Personagens:
- Julieta Rosa, 27, albina, transeunte – funcionária dos correios.
- Dr. Bárbaro, 30, gordinho, anestesista.

Ação:
- Os estagiários preparam a paciente, Julieta Rosa para a operação.
- Raspam a cabeça da paciente
- O anestesista, Dr. Bárbaro, está preparando a anestesia.
- Julieta recobra os sentidos.

Resumo da cena anterior:
Julieta Rosa é atropelada por João Maria, chofer de táxi. No pronto-socorro, o Dr. Lima suspeita de fratura de crânio e decide operá-la.

☞ **Cena 3**

Personagens:
- João Maria, 41, pardo, chofer de táxi.
- D. Violeta, 59, branca, gorda, 1,59m, mãe de Julieta.

Ação:
- João Maria, o motorista, telefona para D. Violeta, mãe de Julieta, contando o acidente.

Resumo das cenas anteriores:
Julieta Rosa, 27, Albina, é atropelada por João Maria, está prestes a ser operada pelo Dr. Lima, 47, 1,77m, moreno, que suspeita

de fratura de crânio. Raspam a cabeça de Julieta. Bárbaro, 31, gordinho, se preparara para aplicar a anestesia. Julieta recobra os sentidos.

☞ Cena 4

Personagens:
- D. Violeta, 59, branca, gorda, 1,59m, mãe de Julieta Rosa, 27, Albina, funcionária dos Correios.
- João Maria, chofer de táxi, 41, pardo.

Ação:
- Dona Violeta chega ao hospital.
- João Maria conta que Julieta está no bloco cirúrgico e que vai ser operada.
- Dona Violeta se desespera.

Resumo da cena anterior:
A filha de D. Violeta, Julieta Rosa, foi atropelada pelo motorista João Maria. Ele comunica a D. Violeta o acidente. Suspeitando de fratura de crânio, Dr. Lima decide operá-la. Raspam a cabeça da moça, que recobra os sentidos na mesa de operação. Bárbaro, o anestesista, se prepara. Julieta tenta levantar-se da cama, é impedida pelos médicos. Mas consegue o seu intento e levanta da cama.

☞ Cena 5

Personagens:
- D. Violeta, 59, 1,51m, branca, gorda, mãe de Julieta Rosa.
- João Maria, 41, pardo, chofer de táxi.

Ação:
- D. Violeta chega ao hospital.
- João Maria conta para D. Violeta que sua filha está no bloco cirúrgico e que vai ser operada. Há suspeita de fratura de crânio.
- D. Violeta se desespera.

Resumo das cenas anteriores:
A filha de D. Violeta, Julieta Rosa, foi atropelada pelo motorista João Maria. Suspeitando de fratura de crânio, Dr. Lima resolve operá-la. Raspam a cabeça da moça. Dr. Bárbaro, o anestesista, prepara a anestesia. Julieta Rosa recobra os sentidos. Quer se levantar. É impedida pelos médicos. Mas consegue o seu intento.

☞ **Cena 6**

Personagens:
- Julieta Rosa, solteira, 27, albina, funcionária dos Correios.
- Dr. Lima, 47, 1,77m, moreno, médico de plantão.
- Bárbaro, 30, gordinho, anestesista.

Ação:
- Julieta consegue chegar ao banheiro. Tranca a porta do mesmo. No banheiro, há um espelho. Julieta olha no espelho e se assusta com a falta de cabelos. Grita, xinga, quebra o espelho e esmurra a porta.

Resumo das cenas anteriores:
Dr. Lima decide operar Julieta Rosa, que havia sido atropelada pelo chofer de táxi João Maria, 41, pardo. Raspam a cabeça da moça. A mãe da moça, D. Violeta, branca, gorda, 1,59m, fica sabendo do acidente pelo motorista. Bárbaro prepara a anestesia. Julieta recupera os sentidos e corre para o banheiro.

☞ **Cena 7**

Personagens:
- D. Violeta, 59, branca, gorda, 1,59m, mãe de Julieta Rosa.
- Porteiro do hospital, 1,61m, parrudo, preto.

Ação:
- D. Violeta entra, à força, no bloco cirúrgico. O porteiro tenta impedir. Ouve os gritos da filha e fica mais enfurecida. Mas consegue entrar.

Resumo das cenas anteriores:
D. Violeta está desesperada no hospital. Sua filha, Julieta Rosa, solteira, 27, funcionária dos Correios, foi atropelada por João Maria, 41, pardo, chofer de táxi. Dr. Lima, 47, 1,77m, moreno, médico de plantão, suspeita de fratura de crânio e resolve operar a moça. Bárbaro, 30, gordinho, anestesista, prepara a anestesia. Julieta recobra os sentidos, à força, chega ao banheiro. Olha no espelho. Vê a cabeça raspada, entra em desespero.

☞ **Cena 8**

Personagens:
- D. Violeta, 59, branca, gorda, 1,59m, mãe de Julieta Rosa.
- Dr. Lima, médico de plantão, 47, 1,77m, moreno.
- Julieta Rosa, transeunte, solteira, 27, albina, funcionária dos Correios.

Ação:
- D. Violeta chega ao bloco cirúrgico, apesar da resistência do porteiro. Dr. Lima tenta contê-la. Recebe um murro. Há gritos, mil confusões. Julieta sai do banheira pelada e careca.

Resumo das cenas anteriores:
A filha de D. Violeta, Julieta Rosa, está no hospital e vai ser operada. Foi atropelada por João Maria, chofer de táxi, 41, pardo, que avisou D. Violeta do acidente.

Dr. Lima, suspeitando tratar-se de uma fratura de crânio, decide operá-la. A cabeça da moça é raspada. Quando Bárbaro, o anestesista, 30, gordinho, prepara a anestesia, Julieta recobra os sentidos e foge para o banheiro. Lá, vê sua cabeça raspada e entra em desespero. Nesse momento, sua mãe, D. Violeta, consegue chegar no bloco cirúrgico, ao ser contida pelo Dr. Lima, o ataca. Ao ouvir a voz da mãe, Julieta sai do banheiro pelada e careca.

☞ **Cena 9**

Personagens:
- D. Violeta, 59, branca, gorda, 1,59m, mãe de Julieta Rosa.

- Dr. Lima, médico de plantão, 47, moreno, 1,77m.
- Julieta Rosa, solteira, albina, funcionária dos Correios, a atropelada.
- João Maria, pardo, 41, chofer de táxi, o atropelador.

Ação:
- D. Violeta, ao ver a filha, desmaia. Ao cair, bate com a cabeça no ferro da cama. Há suspeita de fratura de crânio.
- Julieta Rosa aproveita a confusão e foge para a rua. Pelada e careca, causa espanto, admiração, curiosidade aos passantes.
- João Maria, ao ver Julieta nua e careca, fica apaixonado e decide raptá-la.

Resumo das cenas anteriores:
O motorista João Maria liga para D. Violeta e avisa que atropelou a filha dela e que a mesma está prestes a ser operada pelo Dr. Lima. Raspam a cabeça da moça e preparam para operar o seu crânio. Julieta recobra os sentidos e foge para o banheiro. Ao deparar com o espelho, Julieta entra em desespero. Grita e xinga.

Ao chegar ao hospital, D. Violeta ouve os gritos da filha e entra, à força, no bloco cirúrgico.

☞ **Cena 10**

Personagens:
- Dr. Lima, 47, médico de plantão, 1,77m, moreno.
- Dr. Bárbaro, 30, gordinho, anestesista.
- D. Violeta, 59, branca, gorda, 1,51m, mãe de Julieta Rosa.

Ação:
- Dr. Lima decide operar D. Violeta. Raspam a cabeça da mãe de Julieta. Dr. Bárbaro prepara a anestesia.

Resumo das cenas anteriores:
- Julieta Rosa, solteira, 27, albina, funcionária dos Correios, é atropelada por João Maria, 41, pardo, chofer de táxi. Dr. Lima suspeita de fratura de crânio e resolve operar a moça.
- D. Violeta é avisada por João Maria do atropelamento e iminente operação da filha. Corre ao hospital. Entra no bloco

cirúrgico à força. Quando vê a filha saindo do banheiro pelada e careca, desmaia e bate a cabeça no ferro da cama. Há suspeita de fratura. Dr. Lima resolve operá-la.
- Julieta Rosa aproveita a confusão e foge para a rua. É raptada por João Maria, que se apaixonou por ela.

☞ Cena 11

Personagens:
- Violeta, mãe de Julieta Rosa, 59, branca, gorda, 1,51m.
- Dr. Lima, 47, moreno, 1,77m, médico de plantão.
- Dr. Bárbaro, 30, gordinho, anestesista.

Ação:
- Na hora da operação, D. Violeta recobra os sentidos e tenta se levantar.
- Dr. Lima, quando caminha para a mesa de operação, tropeça no pé de Dr. Bárbaro, bate a cabeça no ferro da cama e desmaia. Há suspeita de fratura de crânio.

Resumo das cenas anteriores:
João Maria, 41, pardo, chofer de táxi, atropela Julieta Rosa, 27, solteira, albina, funcionária dos Correios. Dr. Lima suspeita de fratura de crânio. D. Violeta, avisada por João Maria do acidente, corre até o hospital. Prestes a ser anestesiada pelo Dr. Bárbaro, Julieta volta a si e foge para o banheiro. Olha para o espelho e constata que sua cabeça foi raspada. Fica indignada. Quebra o espelho, a pia e a porta. Quando sai do banheiro, encontra com a mãe. Esta se surpreende com o aspecto da filha e desmaia. Na queda, bate com a cabeça no ferro da cama. Há suspeita de fratura de crânio e o Dr. Lima resolve operá-la.

Julieta aproveita a ocasião e foge para a rua. Nua e careca. João Maria, ao ver o corpo de Julieta, cai de amores pela moça e a rapta.

☞ Cena 12

Personagens:
- Dr. Bárbaro, 30, gordinho, anestesista.

- D. Violeta, 59, branca, gorda, 1,51m, mãe de Julieta Rosa.
- João Maria, chofer de táxi, 41, pardo,
- Dr. Lima, 47, moreno, 1,77m, médico de plantão.
- Julieta Rosa, funcionária dos Correios, 27, albina, solteira.

Ação:
- Dr. Bárbaro decide operar o Dr. Lima.
- D. Violeta aproveita a confusão e foge para a rua. Pelada e careca. Ninguém decide raptá-la.
- No carro de João, mais uma cena de amor.
- No bloco cirúrgico, raspam a cabeça de Dr. Lima.

Resumo das cenas anteriores:
Julieta é atropelada por João Maria. Dr. Lima suspeita de fratura de crânio e resolve operá-la. Na hora de ser anestesiada, Julieta Maria volta a si e corre para o banheiro. Ao deparar, no espelho, com a cabeça raspada, fica furiosa. Quebra a pia, o espelho e a porta. Nesse momento, chega D. Violeta ao hospital. Ao ouvir os gritos da filha, invade o bloco cirúrgico. Vê a filha careca e nua. Desmaia. Ao cair, bate com a cabeça no ferro da cama. Há suspeita de fratura de crânio. Dr. Lima resolve operá-la. Na confusão, Julieta foge para a rua. João Maria, ao ver Julieta nua, apaixona-se na hora e a rapta.

Quando Dr. Lima vai operar D. Violeta, esta recupera os sentidos e grita.

Dr. Lima, quando caminha para a mesa de operação, tropeça no pé de Dr. Bárbaro e bate com a cabeça no ferro da cama. Há suspeita de fratura de crânio.

Dr. Bárbaro vai operá-lo.

▶▶ Prática
Escrevendo os caminhos da liberdade com as próprias mãos

Você trabalhou o tempo todo tendo alguém ao seu lado. É hora de escolher a estrada e o sapato. É hora de tentar um voo com as próprias asas. As asas de sua imaginação, de sua criatividade.

Lembre-se: escrever apesar da solidão, é exercício de apaixonado. Mas antes de escrever o seu conto, poema, romance, roteiro de cinema, sua peça teatral, responda às indagações a seguir: (vale inventar. E como vale!).

- Você desenha seus personagens antes de descrevê-los?
- Faz a ficha técnica deles? (imagina o nome, o peso, a idade, as vontades, frustrações, sonhos, estado civil, profissão etc.)
- Você se espelha em alguém para construí-los ou os cria do nada?
- Você tem o hábito de ir às ruas para observar as pessoas que transitarão em seu escrito?
- E os nomes? Busca-os na família, na roda de amigos? E os nomes antigos? Procura-os no álbum de recordação ou vai a cemitérios para ler as lápides?
- Você assume a pele de seus personagens?
- Você mede os passos de seu personagem?
- Você conta o tempo que ele leva para almoçar ou atravessar as ruas?
- Quando você descreve um ambiente, por exemplo, um bar ou uma igreja, você imagina o ambiente ou tem como referência um lugar conhecido?
- Quando você está criando uma história, você lê ou pesquisa histórias semelhantes à que está escrevendo?

✎ LEMBRETE

Da difícil facilidade

"É preciso escrever um poema várias vezes para que dê impressão de que foi escrito pela primeira vez."

(QUINTANA, Mário. *Sapo Amarelo*. 7. ed.
Porto Alegre: Mercado Aberto, 1997, p. 9)

> **PS**. Chega de lero-lero e vamos à obra (no sentido literal do termo)

Décimo terceiro

Uma ou duas palavrinhas para terminar

Escrever é como rio. Não há parada. Quando o represam, fica triste e deixa de crescer. É como o amor que nunca termina, está sempre (re)nascendo. Continuando.

Escrever é cortar palavras. Brincar com as palavras. E as palavras são dotadas de poder e ação. São pássaros instigantes e suas plumagens alçam voos espetaculares. Ganham *status* e se perpetuam na boca do Brasil.

Escrever é deixar o rio crescer na página em branco sem margens ou represas. É visitar a Canastra e pensar, humildemente e lindamente, como aquele caboclo que viu o rio São Francisco nascer em suas mãos:

Ezequiel de Cotegipe nunca entendeu como aquela
Aguinha de nada que nascia aqui e ali
Numas mirradas minas e bicas no alto da Serra da Canastra
Poderia virar um São Francisco
Como que aquela aguinha que cabia em suas mãos
Iria um dia virar mar?
E em Pirapora, São Romão, tornar-se imemorial, intenso?
É como o amor, pensou.

Começa num desaviso,
Num não querer querendo
Num começar crescendo
Até assumir a sua forma definitiva e corpórea
Aí já estamos imensos
E desaguamos no outro o nosso tanto.

> (CLAVER, Ronald. *A quase verdadeira história de Ezequiel de Cotegipe que um dia calçou os pés de São Francisco, o rio.* Inédito)

Este livro foi composto com tipografia Palatino e impresso
em papel Off Set 75 g/m² na Formato Artes Gráficas.